전과목

단원평가 총정리

2·2

꿈을 향해 달려 보아요.
그러나
목표를 알고 있어야겠지요?
그래야
목표를 향해 달리는 길이
더욱 쉽고
또 좋은 결과를 얻는
길이 될 테니까요.
자, 지금부터
풍선처럼 부푼 꿈속으로
신나는 여행을 떠나 보아요.

구성과 특징

단원 평가 + 기출 문제

1 개념 확인

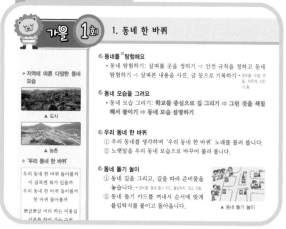

단원에서 꼭 알아야 할 핵심 개념을 한눈에 볼 수 있도록 정리하여 기본을 튼튼하게 다질 수 있습니다.

단원 평가와 마무리 평가로 학교 시험을 완벽하게 대비하세요.

2 단원 확인 평가

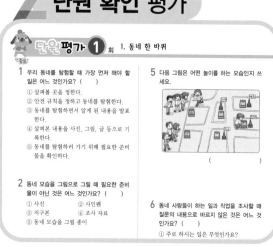

실제 학교 시험에서 꼭 나오는 문제, 잘 틀리는 문제가 무엇인지 알고 익히면서 단원 평가를 완벽하게 대비합니다.

3 플러스 학습

과목별로 다양한 보충·심화 문제를 풀어 시험에 대한 자신감을 높이고 실력을 끌어올립니다.

*국어-국어 활동 확인 / 수학-탐구 수학 활동 / 가을, 겨울-수행 평가

마무리 평가

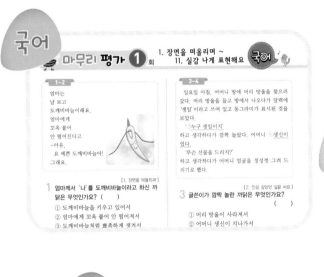

총 4회(240문항)의 마무리 평가를 통해 다양한 유형의 문제를 풀고 익히면 어떠한 시험에도 철저하게 대비할 수 있습니다.

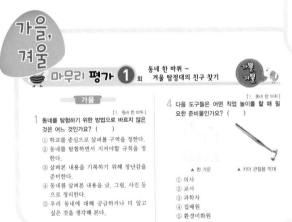

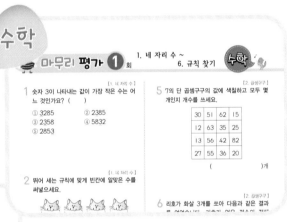

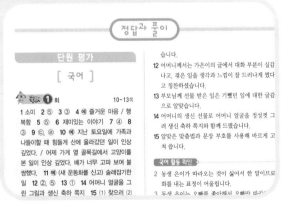

스스로 틀린 문제를 점검하고, '다시 한 번 확인해요!'를 통해 핵심 개념을 더욱 자세하게 기억할 수 있습니다.

차례  2-2

단원 평가

마무리 평가

출제 예상 문제 분석 국어

단원명	주요 출제 내용	출제 빈도	공부한 날
1. 장면을 떠올리며 ~ 2. 인상 깊었던 일을 써요	• 시를 읽고 생각이나 느낌 말하기	★★★★★	월 일
	• 이야기를 읽고 생각이나 느낌 말하기	★★★★★	
	• 인상 깊었던 일을 떠올리며 겪은 일을 차례대로 정리하기	★★★☆	
	• 생각이나 느낌이 잘 드러나게 인상 깊었던 일을 글 쓰기	★★★★★	
3. 말의 재미를 찾아서 ~ 4. 인물의 마음을 짐작해요	• 흉내 내는 말을 넣어 짧은 글 쓰기	★★★★★	월 일
	• 말의 재미를 느끼며 수수께끼 놀이와 다섯 고개 놀이하기	★★★☆	
	• 글을 읽고 인물의 마음 짐작하기	★★★★★	
	• 글을 읽고 인물에게 하고 싶은 말 쓰기	★★★☆	
5. 간직하고 싶은 노래 ~ 6. 자세하게 소개해요	• 겪은 일을 시나 노래로 표현하는 방법 알기	★★★★★	월 일
	• 겪은 일을 나타낸 시나 노래의 일부분을 바꾸어 쓰기	★★★★	
	• 겪은 일을 시나 노래로 표현하기	★★★★★	
	• 사람을 소개하는 글 쓰는 방법 알기	★★★★	

단원명	주요 출제 내용	출제 빈도	공부한 날
7. 일이 일어난 차례를 살펴요	• 인물의 모습 상상하는 방법 알기	★★★★☆	월 일
	• 이야기를 듣고 인물의 모습 상상하기	★★★★★	
	• 이야기를 읽고 일이 일어난 차례에 따라 이야기의 내용 말하기	★★★★☆	
	• 일이 일어난 차례에 따라 이야기 꾸미기	★★★☆☆	
8. 바르게 말해요 ~ 9. 주요 내용을 찾아요	• 바른 말 알기	★★★★★	월 일
	• 바른 말을 사용해 대화하기	★★★★★	
	• 바른 말 사용에 대한 글 쓰기	★★★★☆	
	• 글을 읽고 주요 내용 찾기	★★★★★	
	• 주요 내용을 확인 후 자기 생각 말하기	★★★★☆	
10. 칭찬하는 말을 주고받아요 ~ 11. 실감 나게 표현해요	• 칭찬하는 말을 주고받을 때 좋은 점 알기	★★★★★	월 일
	• 칭찬하는 말과 대답하는 말을 하는 방법 알기	★★★★★	
	• 인물의 말 실감 나게 표현하기	★★★★☆	
	• 인물의 행동 실감 나게 표현하기	★★★☆☆	

1. 장면을 떠올리며

◈ 장면을 역할놀이로 표현하기

• 인물에게 어울리는 목소리로 말합니다.
• 인물에게 어울리는 표정이나 몸짓을 합니다.
• 이야기의 장면을 실감 나게 표현합니다.

❦ **기억에 남는 시나 이야기 소개하기**

① 기억에 남는 시나 이야기를 떠올려 봅니다.
② 기억에 남는 시나 이야기의 제목, 표현, 내용, 장면❶ 등을 자세히 떠올려 봅니다.
③ 시나 이야기에서 재미있거나 감동적이었던 부분을 글이나 그림으로 표현해 봅니다.
④ 시나 이야기의 장면을 떠올려 생각이나 느낌을 말해 봅니다.

시나 이야기를 소개할 때 책 제목, 읽게 된 까닭, 기억에 남는 내용 등을 말해 봅니다.

◈ 친구들과 생각이나 느낌을 말하면 좋은 점

• 생각이나 느낌이 비슷한 점도 있고 다른 점도 있다는 것을 알 수 있습니다.
• 이야기를 좀 더 잘 이해할 수 있습니다.
• 이야기에 대한 궁금증이 생겨 더 읽고 싶어집니다.

❦ **시나 이야기의 장면을 떠올리는 방법** → 시나 이야기에서 누가 무엇을 했는지 살펴봅니다.

① 시나 이야기의 내용을 생각하며 장면을 떠올려 봅니다.
② 시나 이야기에 나오는 인물의 마음을 생각하며 장면을 떠올려 봅니다.
③ 시나 이야기의 내용과 자신의 경험을 생각하며 장면을 떠올려 봅니다.

❦ **장면을 떠올리며 이야기를 읽으면 좋은 점**

① 이야기를 오래 기억할 수 있습니다.
② 이야기를 자세하게 읽게 됩니다.
③ 이야기를 읽는 재미를 느낄 수 있습니다.
④ 장면을 떠올리며 상상력을 기를 수 있습니다.

◈ 인상 깊었던 글감 예

• 현장 체험학습에서 다람쥐를 본 일
• 어머니께서 병간호를 해 주신 일
• 친구들이 병문안을 와 준 일
• 내 생일을 어머니께서 잊고 다음 날 챙겨 주신 일

❦ **시나 이야기의 내용을 전하는 방법**

① 요술 막대를 이용해 시나 이야기의 내용을 재미있게 전합니다.
② 동서남북 놀잇감을 만들어 묻고 답하기 놀이를 합니다.
③ 꽃잎 모양의 종이에 시나 이야기의 내용, 생각이나 느낌을 글과 그림으로 표현해 봅니다.
④ 기억에 남는 내용을 만화로 표현해 봅니다.
⑤ 역할놀이나 인형극을 통해 표현해 봅니다.
⑥ 노랫말을 바꾸어 재미있게 표현해 봅니다.

📎 **낱말 풀이**

❶ **장면** 겉으로 드러난 광경. 모습.
❷ **역할놀이** 여러 인물의 모습을 맡아 표현해 보는 놀이.
❸ **글감** 글을 쓸 때 필요한 재료.

2. 인상 깊었던 일을 써요
└ 자신이 겪은 일 가운데에서 가장 기억에 남는 일

🐧 인상 깊었던 일을 글감으로 고르고 쓸 내용을 떠올리는 방법
① 겪은 일 가운데에서 가장 기억에 남는 일을 생각해 봅니다.
② 언제 어디에서 있었던 일인지 떠올려 봅니다.
③ 누구와 무슨 일이 있었는지 떠올려 봅니다.
④ 그때 어떤 생각이나 느낌이 들었는지 떠올려 봅니다.
⑤ 친구와 글감에 대해 이야기를 함께 나누어 봅니다.

> 글감에 대해 함께 이야기를 나누면
> 쓸 내용을 떠올릴 수 있고, 자세하게
> 생각할 수 있습니다.

🐧 겪은 일을 차례대로 정리하면 좋은 점
① 겪은 일이 일어난 차례대로 글을 쓸 수 있습니다.
② 그때 일어났던 일을 생생하게 떠올려 글을 쓸 수 있습니다.
③ 그때 그 일이 다시 떠오르니까 더 자세히 쓸 수 있습니다.
④ 그때 들었거나 했던 말을 다시 생각할 수 있어서 생생한 대화 글을 쓸 수 있습니다.

🐧 생각이나 느낌이 잘 드러나게 글을 쓸 때 주의할 점
① 맞춤법에 맞게 씁니다.
② 문장 부호를 알맞게 사용합니다.
③ 대화하는 글을 넣어 씁니다.
④ 들은 대로, 말한 대로, 본 대로 씁니다.
⑤ 일이 일어난 차례대로 씁니다.

🐧 글의 제목을 붙이는 방법
① 글감을 제목으로 합니다.
② 글감을 그대로 쓰지 말고 줄이거나 늘여서 씁니다.
③ 드러내려는 생각이나 느낌을 제목으로 정합니다.

바로바로 체크

1 시나 이야기의 장면을 떠올릴 때 인물의 마음을 생각하거나 이야기의 내용과 비슷한 ☐☐을 떠올려 봅니다.

2 장면을 떠올리며 이야기를 읽으면 좋은 점에 ◯표를 하세요.
(1) 이야기를 오래 기억할 수 있습니다. (　　)
(2) 이야기의 내용을 전부 알 수 있습니다. (　　)

3 자신이 겪은 일 가운데에서 가장 기억에 남는 일을 무엇이라고 하는지 쓰세요.
(　　　　)

4 겪은 일을 차례대로 정리하면 그때 일어났던 일을 ☐☐☐☐ 알 수 있고, 그때 있었던 일을 더 ☐☐☐☐ 떠올릴 수 있습니다.

▶ **정답**
1. 경험 2. (1) ◯ 3. 인상 깊었던 일 4. 생생하게, 자세하게

1. 장면을 떠올리며

1 시나 이야기를 읽고 재미있었던 부분을 소개한 친구는 누구인지 쓰세요.

> **소미:** 나는 「수박씨」라는 시가 기억에 남아. 동생의 입 안을 빨갛게 익은 수박 속으로, 충치를 수박씨로 표현한 것이 재미있었어.
>
> **진우:** 얼마 전에 「감기 걸린 날」을 읽었어. 아이가 깜빡 잠이 들었는데 눈을 떠 보니 오리들이 있었어. 아이는 깃털이 없는 오리들에게 자신의 옷 속에서 깃털을 꺼내 심어 주었어.

( )

2~3

아빠는
날 보고
강아지풀이래요.
아빠 뒤만
졸래졸래
따라다닌다고

–아이고,
　　요 귀연 강아지풀아!
그래요.

「풀이래요」, 손동연

2 아빠가 '나'를 보고 강아지풀이라고 하신 까닭은 무엇인가요? ( )

① '내' 가 강아지처럼 생겨서
② '내' 가 강아지를 좋아해서
③ '내' 가 강아지풀을 좋아해서
④ '내' 가 아빠 보고 멍멍 짖어서
⑤ '내' 가 아빠 뒤만 졸래졸래 따라다녀서

잘 틀려요

3 인물의 마음을 생각하며 장면을 떠올린 것은 어느 것인가요? ( )

① 아빠 품에서 잠든 아이의 모습이 떠올라.
② 엄마와 아빠가 싸우고 있는 장면이 떠올라.
③ 아이를 사랑스럽게 바라보는 아빠의 표정이 떠올라.
④ 아빠께 잘못을 해서 혼나고 있는 아이의 표정이 떠올라.
⑤ 아빠 뒤를 강아지처럼 따라다니는 아이의 모습이 떠올라.

4~5

새 떼를 쫓으려고 서 있는 줄 알지만
나는 새 떼가 오기를 기다리며 서 있어
사람들이 가고 나면
어깨 위에 새 떼를 불러 함께 놀지
콧노래를 부르면
들판도 흥에 겨워 넘실넘실

「허수아비」, 이기철

4 새 떼와 함께 놀 때 허수아비의 마음은 어떠할지 쓰세요.

( )

중요

5 이 시를 읽고 떠오르는 장면으로 알맞은 것은 어느 것인가요? ( )

① 허수아비가 울고 있는 장면
② 아이들이 새 떼를 잡는 장면
③ 사람들이 허수아비를 망가뜨리는 장면
④ 사람들이 허수아비를 만들고 있는 장면
⑤ 허수아비 어깨 위에 새 떼가 앉아 있는 장면

6~7

할머니: (할아버지를 반갑게 맞으며) 영감, 그래, 재미있는 이야기 한 편 바꿔 왔소?

할아버지: (할머니와 마주 앉아 기침을 한 번 하며) 에헴!

　　　(도둑이 할아버지네 집 담을 넘어온다.)

할아버지: 훨훨 온다.

할머니: 훨훨 온다.

　　　(도둑이 깜짝 놀라 부엌으로 숨어든다.)

할아버지: 성큼성큼 걷는다.

할머니: 성큼성큼 걷는다.

　　　(도둑이 가슴을 두근거리며 부엌 안을 살핀다.)

할아버지: 기웃기웃 살핀다.

할머니: 기웃기웃 살핀다.

　　　(도둑이 누룽지를 집어 입에 넣는다.)

할아버지: 콕 집어 먹는다.

할머니: 콕 집어 먹는다.

　　　(도둑이 　ㄱ　 표정을 짓는다.)

할아버지: 예끼, 이놈!

할머니: 예끼, 이놈!

　　　(도둑이 담을 훌쩍 넘어 달아난다.)

6 할아버지가 바꿔 온 것은 무엇인지 쓰세요.

　　　　　(　　　　　　　　) 한 편

7 ㄱ에 들어갈 말로 알맞은 것은 어느 것인가요? (　　)

① 뿌듯한
② 행복한
③ 편안한
④ 무서워하는
⑤ 자랑스러워하는

2. 인상 깊었던 일을 써요

8~10

　집으로 돌아와 새 운동화를 신고 학교 운동장으로 나가 보았다. ㉠운동장에는 여러 명이 술래잡기를 하고 있었다.
　㉡"가은아, 어서 와. 너도 같이 하자."
　㉢아이들이 술래잡기를 함께하자고 해서 고마웠다. ㉣새 운동화를 신고 달리니 붕붕 날아가는 것 같았다.
　㉤"가은아, 오늘 정말 잘한다."
　내게 한 번도 잡힌 적 없던 채현이가 나에게 잡히면서 말했다. 새 운동화를 신어서 달리기가 더 빨라진 것 같았다.

8 가은이가 한 일은 무엇인가요? (　　)

① 새 운동화 때문에 친구와 싸웠다.
② 친구와 함께 새 운동화를 사러 갔다.
③ 운동장에서 친구들과 술래잡기를 했다.
④ 수업 시간에 친구들과 공기놀이를 했다.
⑤ 수업 시간에 친구들 앞에서 발표를 했다.

9 ㉠~㉤ 가운데에서 가은이의 생각이나 느낌이 나타난 부분을 모두 찾아 기호를 쓰세요.

　　　　　(　　　　, 　　　　)

서술형

10 가은이처럼 겪은 일 가운데에서 인상 깊었던 일을 쓰세요.

_____

_____

_____

11~12

① 가은아, 네가 쓴 「새 운동화」가 학교 신문에 실렸더라!

네, 지난 국어 시간에 쓴 거예요.

② 어쩌면 그렇게 잘 썼니!

어떤 점이 좋았어요?

③ 대화 부분이 실감 났어!

선생님께서도 대화가 생생하다고 칭찬하셨어요.

④ 그리고 겪은 일을 생각과 느낌이 잘 드러나게 썼어.

새 운동화를 신고 술래잡기한 일이 인상 깊게 남아서 잘 쓸 수 있었어요.

11 가은이에게 인상 깊었던 일은 무엇이었는지 쓰세요.

(   )

중요

12 가은이의 글을 읽고 어머니께서 칭찬하신 부분을 모두 고르세요. (,   )

① 생각이나 느낌이 길어서 좋다.
② 대화하는 부분이 실감 나서 좋다.
③ 문장 부호를 알맞게 사용해서 좋다.
④ 겪지 않은 일도 재미있게 꾸며 썼다.
⑤ 겪은 일을 생각과 느낌이 잘 드러나게 썼다.

13 슬펐던 일에 대한 글감으로 알맞지 <u>않은</u> 것은 어느 것인가요? (   )

① 부모님께 선물 받은 일
② 부모님께 꾸중 들은 일
③ 친한 친구가 전학 간 일
④ 할아버지께서 돌아가신 일
⑤ 집에서 기르던 강아지가 죽은 일

14~15

일요일 아침, 어머니 방에 머리 방울을 ㉠차즈러 갔다. 머리 방울을 들고 나오다가 달력에 '생일'이라고 쓰여 있고 동그라미가 표시된 것을 보았다.

'㉡누구 생일이지'

하고 생각하다가 깜짝 놀랐다. 어머니 생신이었다.

'무슨 선물을 드리지?'

하고 생각하다가 어머니 얼굴을 정성껏 그려 드리기로 했다. 어머니 얼굴 그림을 그리는 것은 어려웠다. 하지만 어머니께서 기뻐하실 거라고 생각하며 내 방에서 어머니 얼굴 그림을 열심히 그렸다.

점심을 먹고 나서 어머니 얼굴 그림과 "어머니, 생신 축하 드려요."라고 쓴 생신 축하 쪽지를 들고 어머니 방에 갔다. 어머니께서는 내 선물을 보시더니,

"가은아, 고마워! 정말 잘 그렸네."

라고 하시며 나를 꼭 껴안아 주셨다.

14 가은이가 어머니께 생신 선물로 드린 것은 무엇인지 쓰세요.

(   )

잘 틀려요

15 ㉠과 ㉡을 바르게 고쳐 쓰세요.

(1) ㉠ 차즈러 ⇨(   )
(2) ㉡ 누구 생일이지 ⇨(   )

1 「춤추는 생쥐」의 내용에 어울리는 장면을 찾아 번호를 쓰세요.

생쥐들은 곡식도 먹어 치우고, 돗자리며 가마니도 갉아 댔어요.	
부자는 쥐들에게 먹을 것을 주고 덫도 치워 놓으라고 했어요.	
하인들은 매일매일 쥐들에게 먹이를 주었어요.	

▶ 「원숭이 오누이」를 읽고 물음에 답하세요. [**2**~**3**]

> ㉠"따라오지 말라고 했잖아. 집에 돌아가라고!"
> 아무리 그래도 소용없어요. 온이는 늘 손이 하는 대로 따라 하거든요.
> 그래서 친구들이 말해요. 원숭이 동생이라고.

2 ㉠에 어울리는 표정에 ○표를 하세요.

(1) 기쁨 ( ) (2) 화남 ( ) (3) 슬픔 ( ) (4) 무서움 ( )

3 인물이 한 일과 그때의 마음을 쓰세요.

온이	한 일	자전거를 타고 오빠를 따라갔어요.
	마음	(1)

손이	한 일	동생에게 따라오지 말라고 소리쳤어요.
	마음	(2)

■ 이야기의 장면을 떠올리는 방법
• 이야기의 내용을 생각하며 장면을 떠올려 봅니다.
• 이야기에 나오는 인물의 마음을 생각하며 장면을 떠올려 봅니다.
• 이야기의 내용과 비슷한 경험을 생각하며 장면을 떠올려 봅니다.

국어

■ 인물의 마음 짐작하기
• 글을 읽고 인물이 한 일이 무엇인지 살펴봅니다.
• 자신의 경험을 떠올려 인물의 마음이 어떠할지 상상해 봅니다.
• 인물의 마음에 대해 친구와 이야기해 봅니다.

3. 말의 재미를 찾아서

✿ 여러 가지 흉내 내는 말

사람이나 사물의 소리를 흉내 내는 말
뿡, 빵빵, 짹짹, 쾅쾅, 멍멍, 쨍그랑, 후루룩, 덜거덕덜거덕, 바스락바스락, 사각사각 등

사람이나 사물의 모습을 흉내 내는 말
빙그르르, 데굴데굴, 방실방실, 살금살금, 차곡차곡, 오순도순, 미끌미끌, 덩실덩실, 울퉁불퉁 등

✿ 다섯 고개 놀이를 할 때 주의할 점

• 순서를 지켜가며 말합니다.
• 질문은 다섯 번만 합니다.
• 질문할 때에는 사물의 특징에 관련된 것을 묻습니다.

✿ 다섯 고개 놀이의 질문과 대답 방법

• 처음에는 기준을 정해 질문을 합니다.
• 마지막에는 매우 ❸구체적인 질문을 합니다.
• 질문의 내용이 맞으면 확인을 해 주고, 틀리면 보충 설명을 해 줍니다.
• 질문의 내용에 정확하게 대답해 줍니다.

✎ 낱말 풀이

❶ 빗대어 곧바로 말하지 않고 빙 둘러서.
❷ 연상 관련되어 떠오름.
❸ 구체적인 일정한 모습을 가지고 있어 꽤 자세한.

◙ 재미있는 말 찾기

① 같은 글자로 끝나는 낱말 말하기 놀이를 통해 재미있는 말을 찾아봅니다.
② 다섯 고개 놀이 하기를 통해 찾아볼 수도 있습니다.
③ 흉내 내는 말이 들어간 시를 읽어 봅니다.
• 모습이나 소리를 흉내 내는 말에는 무엇이 있는지 알아봅니다.
• 시의 내용에 어울리는 재미있는 말을 빈칸에 넣어 봅니다.

흉내 내는 말은 사람이나 사물의 소리나 모습을 나타내는 말이에요.

◙ 흉내 내는 말을 넣어 글을 쓰면 좋은 점

① 글을 더 자세하게 쓸 수 있습니다.
② 느낌을 생생하게 표현할 수 있습니다.
③ 글의 내용이 더 실감 납니다.

◙ 말의 재미를 느끼는 여러 가지 말놀이

① 수수께끼 놀이: 어떤 사물에 ❶빗대어 묻고 알아맞히는 놀이

특징을 이용해 만든 수수께끼	예 일을 하면 할수록 작아지는 것은? 연필
이름을 이용해 만든 수수께끼	예 말은 말인데 타지 못하는 말은? 양말
서로 다른 점을 이용해 만든 수수께끼	예 여름에는 일하고 겨울에는 쉬는 것은? 부채

② 다섯 고개 놀이: 다섯 번의 질문과 대답을 하며 답을 알아맞히는 놀이
③ 끝말잇기 놀이: 낱말의 마지막 글자를 첫 글자로 하는 말 잇기 놀이
④ 말 덧붙이기 놀이: '시장에 가면'처럼 장소에 ❷연상되는 것을 생각해 앞사람의 말에 덧붙이는 놀이
⑤ 꽁지 따기 말놀이: '원숭이 엉덩이는 빨개'처럼 공통점을 가지고 있는 것을 연결하는 놀이

4. 인물의 마음을 짐작해요

└─● 글 속 상황에 따라 인물이 느끼는 기분

글에 나오는 인물의 마음 알기
① 인물의 표정을 생각하며 그림책을 읽어 봅니다.
② 인물이 처한 상황이 어떠한지 살펴봅니다.
③ 인물이 한 말과 행동이 어떠한지 살펴봅니다.
④ 인물이 겪은 일과 비슷한 경험을 떠올려 인물의 마음이 어떠한지 알아봅니다.

글에 나오는 인물의 마음을 짐작하는 방법 알기
① 일이 일어난 상황을 살펴봅니다.
② 인물의 마음이 드러난 표현을 찾아봅니다.
③ 그림에 나타난 인물의 표정과 모습을 살펴봅니다.

글을 읽고 인물의 마음 짐작하기
① 인물의 마음을 짐작하며 글을 읽어 봅니다.
② 글에 나오는 인물에게 하고 싶은 말과 그 까닭을 써 봅니다.
예 「크록텔레 가족」에 나오는 인물의 마음 짐작하기

저녁을 먹으면서도.	난 팍 쓰러져 버릴 것 같아!	그만 멈추어 버리고 말았어요!
크록텔레 가족	텔레비전	아빠
즐거워요	힘들어요	당황스러워요

글을 읽고 인물에게 하고 싶은 말 쓰기
① 글을 읽고 가장 인상 깊었던 인물을 떠올려 봅니다.
② 인물의 표정과 모습을 보고 인물이 어떤 마음일지 생각해 봅니다.
③ 글에 나온 인물과 같은 마음이 들었던 경험을 떠올려 봅니다.
④ 자신의 마음을 담아 전하고 싶은 말과 그 까닭을 글로 씁니다.

바로바로 체크

1 흉내 내는 말은 사람이나 사물의 □□ 나 □□ 을 나타내는 말입니다.

2 흉내 내는 말을 나누어 쓰세요.

> 사각사각, 미끌미끌,
> 우당탕탕, 방실방실

(1) 소리를 흉내 내는 말:
_____

(2) 모습을 흉내 내는 말:
_____

3 어떤 사물에 빗대어 묻고 알아맞히는 말놀이를 무엇이라고 하는지 쓰세요.
(   )

4 인물의 마음을 짐작해 알맞은 말에 ○표를 하세요.

> 잃어버렸던 강아지를 찾게 되어서 (기뻐요, 속상해요).

● 정답
1. 소리, 모습   2. ⑴ 사각사각, 우당탕탕 ⑵ 미끌미끌, 방실방실   3. 수수께끼 놀이
4. 기뻐요

3. 말의 재미를 찾아서

1~3

깜깜한 밤이 되자, 형이 동생네 곳간으로 ㉠ 가서 볏단을 쌓아 두었어요. 그날 밤, 동생도 형님네 곳간으로 살금살금 가서 볏단을 쌓아 두었지요.

형과 동생은 달이 두둥실 뜨자 다시 볏단을 지고 서로의 집을 향해 걷기 시작했어요. 그러다가 서로 딱 마주친 형제는 ㉡ 놀랐어요.

1 달이 떠 있는 모양을 흉내 내는 말을 찾아 쓰세요.

( )

잘 틀려요

2 ㉠과 ㉡에 들어갈 흉내 내는 말이 바르게 짝지어진 것은 어느 것인가요? ( )

	㉠	㉡
①	살금살금	깜짝
②	비틀비틀	와락
③	오순도순	풍덩
④	깡충깡충	살랑살랑
⑤	데굴데굴	설렁설렁

서술형

3 그림 ❸에 어울리게 흉내 내는 말을 넣어 짧은 글을 쓰세요.

_____

_____

중요

4 흉내 내는 말을 넣어 글을 쓰면 좋은 점을 모두 고르세요. (,)

① 글이 더 실감 난다.
② 글을 더 짧게 나타낼 수 있다.
③ 친구와 똑같은 글을 쓸 수 있다.
④ 느낌을 생생하게 표현할 수 있다.
⑤ 모든 글의 내용을 짐작할 수 있다.

5 그림에 어울리는 흉내 내는 말을 보기 에서 찾아 쓰세요.

보기

쿨쿨   주르륵   뿡   대롱대롱

(1)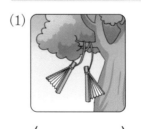

( )

(2)

( )

(3)

( )

(4)

( )

1 다섯 고개 놀이의 질문과 대답을 보고 생각나는 것을 빈칸에 쓰세요.

고개	질문	대답	생각나는 것
☝	살아 있나요?	예, 살아 있습니다.	식물, 동물
✌	(1)	아니요, 날아다닙니다.	비둘기, 갈매기
🖐	몸집이 작은가요?	예, 그렇습니다.	(4)
🖐	(2)	두 글자입니다.	나비, 참새, 매미
🖐	(3)	'짹짹' 소리를 냅니다.	(5)

■ 다섯 고개 놀이의 질문과 대답 방법
• 처음에는 기준을 정해 질문을 합니다.
• 여러 가지 질문을 떠올려 봅니다.
• 마지막에는 매우 구체적인 질문을 합니다.
• 질문의 내용이 맞으면 확인을 해 주고, 틀리면 보충 설명을 해 줍니다.
• 질문의 내용에 정확하게 대답해 줍니다.

2 그림을 보고 바르게 발음한 것을 찾아 ○표를 하세요.

(1) 잎이 ⇨ ① [이비] (   )   ② [이피] (   )
(2) 부엌에 ⇨ ① [부어케] (   )   ② [부어게] (   )

3 「개구리와 두꺼비는 친구」에 나오는 개구리와 두꺼비의 말을 보고, 개구리와 두꺼비의 마음을 알맞은 문장으로 표현하세요.

"나는 편지를 한 번도 못 받았거든."	두꺼비는 편지를 한 번도 못 받아서 _____
"응, 편지를 기다리고 있거든."	개구리는 편지가 오지 않아서 _____

■ 인물의 마음 짐작하기
• 일이 일어난 상황을 살펴봅니다.
• 인물의 마음이 드러나는 표현을 찾아봅니다.
• 그림에 나타난 인물의 표정과 모습을 살펴봅니다.

5. 간직하고 싶은 노래

❖ 겪은 일을 떠올릴 때 기준 정하기

• 일이 일어난 장소에 따라
• 그 일과 관련 있는 사람에 따라
• 시간에 따라
• 어떤 일이냐에 따라
• 그 일에 대한 느낌에 따라

❖ 시를 낭송하는 다양한 방법

• 손, 발, 악기 등으로 박자를 맞추어 가며 낭송하기
• 모둠을 나누어 화음을 넣어 가며 낭송하기
• 시 속의 인물로 분장하고 낭송하기
• 시의 내용을 나타내는 몸짓과 함께 낭송하기
• 역할을 나누어 낭송하기
• 걸어 다니며 낭송하기

❖ '누구일까요?' 놀이 방법

• 답을 알 수 있는 도움말을 처음부터 주지 않습니다.
• 일반적인 설명부터 합니다.
• 설명할 내용을 여러 가지로 생각하고 적절한 문장을 고릅니다.

🖋️ 낱말 풀이

❶ **발표** 다른 사람에게 보여 주거나 들려주는 것.

❷ **낭송** 크게 소리를 내어 읽거나 욈.

❸ **소개** 서로 모르는 사람들 사이에서 알고 지내도록 관계를 맺어 줌.

✅ 겪은 일을 나타낸 시나 노래 알기
① 시나 노래를 읽고 어떤 경험을 나타냈는지 알아봅니다.
② 시의 표현 가운데에서 중요하거나 재미있는 표현을 살펴봅니다.
③ 시의 내용과 비슷한 경험을 떠올려 봅니다.
④ 시를 바탕으로 하여 만든 노래를 불러 봅니다.

✅ 겪은 일을 시나 노래로 표현하는 방법
① 겪은 일에 대한 생각이나 느낌이 잘 드러나도록 솔직하게 씁니다.
② 긴 문장은 행을 나누어 씁니다. → 내용을 더 또렷이 알 수 있습니다.
③ 반복되는 말을 사용해 리듬감을 나타냅니다.
↳ 손, 발, 리듬 악기를 이용해 박자를 맞추면 노래처럼 느껴집니다.

같은 내용도 생각이나 느낌을 꾸밈 없이 솔직하게 표현하면 더 실감이 나요.

✅ 겪은 일을 시나 노래로 표현하기
① 인상 깊은 경험을 떠올립니다.
② 가장 기억에 남는 하나의 경험을 선택합니다.
③ 자세한 내용을 생각해 시나 노래로 표현합니다.
④ 이야기를 쓴 뒤에 시로 바꾸어 쓸 수도 있습니다.

✅ 겪은 일을 표현한 시나 노래를 ❶발표하는 여러 가지 방법
① 친구들 앞에서 시를 또박또박❷ 낭송합니다.
② 모둠별로 노래를 부릅니다.
③ 쓴 시를 교실 게시판에 붙입니다.
④ 시에 대해 묻고 답하면서 이야기를 나눕니다.

6. 자세하게 소개해요

소개해 본 경험 나누기

① 다른 사람에게 사람을 소개해 본 경험을 이야기해 봅니다.
② 책 속 인물의 특징을 찾아봅니다.
③ 기억에 남는 책 속의 인물을 소개해 봅니다.

사람을 소개하는 글을 쓰는 방법

① 소개할 사람의 특징이 잘 드러나게 소개합니다. ━➤ 소개할 사람이 누구인지 씁니다.
② 소개할 사람에 대해 자세하게 소개합니다.
③ 중요한 내용을 골라서 소개합니다.
④ 읽을 사람이 궁금해할 내용을 써야 합니다.
⑤ 맞춤법에 맞게 정확하게 씁니다.

사람을 소개할 때 들어갈 내용 알기

① 친구의 이름과 성별을 소개합니다.
② 친구가 좋아하거나 잘하는 것을 소개합니다.
③ 친구의 성격을 소개합니다.
④ 친구의 장래 희망을 소개합니다.

소개할 사람을 정해 말놀이하기

① 소개할 사람을 마음속으로 정합니다.
② 소개할 사람의 특징을 다섯 문장으로 만듭니다.
③ 만든 문장으로 소개할 사람의 특징을 설명합니다.
④ 듣는 사람은 다섯 문장을 들으며 누구를 소개하는지 알아맞힙니다.

인물을 소개하는 신문을 만들 때 주의할 점

① 인물의 특징이 잘 드러나게 소개합니다.
② 예쁘게 꾸미는 데만 치중하지 않습니다.
③ 보는 사람이 잘 알아볼 수 있도록 글씨를 바르게 씁니다.
④ 맞춤법에 맞게 정확하게 씁니다. ━➤ 글자와 다르게 소리 나는 낱말을 정확하게 씁니다.

바로바로 체크

1 겪은 일을 시로 표현하는 방법으로 알맞은 것에 ○표를 하세요.
  (1) 겪은 일에 대한 생각이나 느낌은 쓰지 않는다.
  ( )
  (2) 긴 문장은 행을 나누어 쓴다. ( )

2 겪은 일을 시나 노래로 표현할 때 반복되는 말을 사용하면 □□□을 느낄 수 있습니다.

3 사람을 소개하는 글을 쓸 때 들어갈 내용으로 알맞은 것의 기호를 모두 쓰세요.

> ㉠ 모습
> ㉡ 이름과 성별
> ㉢ 좋아하는 것
> ㉣ 못하는 것

( )

4 글자와 다르게 소리 나는 낱말에 모두 ○표를 하세요.

> 많이, 아파서, 앉아, 노래를

▶ 정답
1. (2) ○   2. 리듬감   3. ㉠, ㉡, ㉢   4. 많이, 앉아

5. 간직하고 싶은 노래

1~3

쪼그만 옥수수 알갱이가
냄비 안에서
탁 타타탁
펑펑 펑펑
유리 뚜껑을 열고
나갈라 한다.
힘도 세지

「팝콘」, 한영우

1 팝콘이 튀는 모습을 표현한 말을 모두 찾아 쓰세요.

(,   )

2 "힘도 세지"라고 표현한 까닭은 무엇인가요? (   )

① 옥수수 알갱이가 얼굴에 튀어서
② 옥수수 알갱이가 너무 단단해서
③ 옥수수 알갱이가 부풀어 오르다가 갑자기 작아져서
④ 유리 뚜껑이 단단한 옥수수 알갱이를 가루로 만들어서
⑤ 옥수수 알갱이가 부풀어 오르면서 유리 뚜껑을 열고 나갈 것 같아서

잘 틀려요

3 이 시에 들어 있는 경험이 아닌 것을 골라 기호를 쓰세요.

| ㉠ 눈으로 본 것 | ㉡ 귀로 들은 것 |
| ㉢ 생각이나 느낌 | ㉣ 맛을 본 것 |

(   )

4~5

민수네 강아지

민수는 좋겠다.
작은 주전자만 한 크기에
하얀 털
동그랗게 꼬리가 말린 강아지가 있어서.
민수는 좋겠다.
집 안에서 현관까지 막 달려 나오고
민수를 보고 멍멍 짖는 강아지가 있어서.

4 시에 나타난 내용이 아닌 것을 모두 고르세요. (,   )

① 강아지의 종류
② 강아지의 생김새
③ 민수를 본 강아지의 행동
④ 강아지를 본 글쓴이의 생각
⑤ 강아지에 대한 민수의 생각

중요

5 이와 같이 겪은 일을 시나 노래로 표현하는 방법을 생각하며 빈칸에 알맞은 말을 보기 에서 찾아 쓰세요.

보기

생각이나 느낌   반복되는 말

(1) 겪은 일에 대한 (   )이 잘 드러나게 솔직하게 표현한다.

(2) (   )을 사용하면 리듬감을 나타낼 수 있다.

6~7

빨강빨강 종이론 무얼 접을까
파랑파랑 종이론 무얼 접을까
빨강빨강 종이론 예쁜 꽃 접고
파랑파랑 종이론 예쁜 새 접지
빨간 꽃들 피어라 푸른 벌판에
파랑새들 날아라 푸른 하늘에

「종이접기」, 강소천

6 무엇에 대한 노래인가요? (   )

① 소풍
② 비눗방울
③ 종이접기
④ 체육 시간
⑤ 종이 연 만들기

서술형

7 이 노래의 일부분을 보기 와 같이 바꾸어 쓰세요.

> **보기**
>
> 빨간 꽃들 피어라 푸른 들판에
> ▼
> 맛난 열매 열렸네 넓은 과수원에

> 빨강빨강 종이론 무얼 접을까
> ▼
> [   ]

---

6. 자세하게 소개해요

8 그림을 보고 인물과 그 특징을 선으로 이어 보세요.

(1)
피노키오

・ ・㉠ 욕심 많고 심술궂다.

(2)
놀부

・ ・㉡ 거짓말을 하면 코가 길어진다.

(3)
인어 공주

・ ・㉢ 다리가 없고 물고기처럼 지느러미가 있다.

중요

9 오른쪽 그림 속 서준이가 짝에 대해 소개하는 내용은 무엇인가요? (   )

하윤이는 키가 크고 눈썹이 진해요.
서준

① 성별
② 모습
③ 장래 희망
④ 잘하는 것
⑤ 좋아하는 것

10~11

가 이번 달의 제 짝은 남자아이입니다. 어제 저와 함께 줄넘기를 하고 놀았습니다. 줄넘기를 하면 몸이 튼튼해져서 좋습니다. 제 짝은 매일 아침 운동장에서 달리기를 합니다. 제 짝은 잘하는 것이 많습니다.

나 이번에 새로 제 짝이 된 친구는 정하윤이고 여자아이입니다. 하윤이는 키가 크고 눈썹이 진합니다. 하윤이는 종이접기를 좋아해서 색종이를 항상 가지고 다닙니다. 하윤이는 달리기를 잘합니다. 우리 반 여학생들 가운데에서 가장 빠릅니다.

10 누구에 대해 소개하는 글인가요? ( )

① 동생
② 우리 가족
③ 새로운 짝
④ 다른 반 친구
⑤ 읽은 책의 주인공

11 글 **가**와 글 **나** 가운데에서 소개하는 내용이 잘 드러나게 쓴 글의 기호와 까닭을 쓰세요.

(1) 잘 드러나게 쓴 글: ( )

(2) 그렇게 생각한 까닭: _____

_____

12 '누구일까요?' 놀이의 답은 누구인지 쓰세요.

1	남자입니다.
2	낡고 허름한 옷을 입고 있습니다.
3	마음씨가 착하고 부지런합니다.
4	제비의 다리를 치료해 주었습니다.
5	놀부의 동생입니다.

( )

13~14

제 동생은 이수빈이고 여자아이입니다. 나이는 일곱 살입니다. 눈이 크고 동그랗습니다. 수빈이는 요리하는 것을 좋아해 어머니께서 요리하실 때 ㉠여페서 ㉡마니 도와드립니다. 그리고 수빈이는 ㉢그리믈 잘 그립니다. 혼자서 책상 앞에 ㉣안자 그림을 척척 그립니다. 그림 그리기 대회에서 여러 번 상을 받았습니다. 나중에 커서 화가가 되는 것이 꿈입니다.

13 이 글에 나와 있지 <u>않은</u> 내용은 어느 것인가요? ( )

① 성별
② 모습
③ 장래 희망
④ 잘하는 것
⑤ 닮고 싶은 사람

14 ㉠~㉣을 바르게 고쳐 쓰세요.

(1) ㉠ 여페서 ⇨ ( )

(2) ㉡ 마니 ⇨ ( )

(3) ㉢ 그리믈 ⇨ ( )

(4) ㉣ 안자 ⇨ ( )

15 그림에 어울리는 낱말을 빈칸에 넣어 문장을 완성하세요.

(1)

[지베]
친구네 _____ 놀러 갔습니다.

(2)
하늘에 구름 한 점 _____ 화창합니다.

[업찌]

① 다음 문장을 [보기]와 같이 바꾸어 쓰세요.

- 한 문장을 꾸며 주는 말로 바꾸는 방법
- '무엇이(누가) 어찌하다'의 문장을 '어찌한 무엇(누구)'으로 바꾸어 봅니다.

[보기]

| 하늘이 파랗다. | ⇨ | 파란 하늘 |

| 꽃이 예쁘다. | ⇨ | |

| 아기가 방글방글 웃는다. | ⇨ | |

| 빨간 자동차가 씽씽 달린다. | ⇨ | |

② 알맞게 발음한 것에 ○표를 하세요.

(1) 동그라미 …… ① [똥그라미] (　　) ② [동그라미] (　　)

(2) 창고 ………… ① [창꼬] (　　) ② [창고] (　　)

(3) 자르다 ……… ① [자르다] (　　) ② [짜르다] (　　)

③ 글자와 다르게 소리 나는 낱말 카드에 모두 색칠하세요.

- 글자와 다르게 소리 나는 낱말
- 낱말을 소리 내어 읽어 봅니다.
- 앞 글자의 받침이 뒤 글자의 첫소리로 오는 말이 글자와 다르게 소리 나는 낱말입니다.

| 바람을 | 깨끗이 | 취미는 | 동물을 | 옆에 |

| 청소를 | 노래를 | 많이 | 길에 | 그림을 |

7. 일이 일어난 차례를 살펴요

✧ 일이 일어난 차례에 따라 이야기를 정리하면 좋은 점

• 일어난 일을 쉽게 이해할 수 있습니다.
• 일어난 일을 더 잘 이해할 수 있습니다.

✧ 일이 일어난 차례를 나타 내는 말

시간을 나타내는 말	'오전', '오후', '아침', '저녁', '아홉 시', '이튿날' 등
차례를 나타내는 말	첫 번째, 두 번째 등 순서를 나타내는 말

✧ 이야기의 내용을 파악하기 위한 질문

• 가장 중요한 인물은 누구인가요?
• 어디에서 일어난 일인가요?
• 주인공에게 어떤 문제가 생겼나요?
• 문제를 해결하는 데 어떤 문제가 생겼나요?
• 문제를 어떻게 해결했나요?
• 그 뒤에 어떻게 되었나요?

🍃 이야기에 나오는 인물의 모습을 상상하는 방법

① 이야기를 읽고 누가 무엇을 했는지 내용을 파악합니다.
② 일이 일어난 차례대로 이야기의 내용을 정리해 봅니다.
③ 인물의 말, 행동, 생김새 등을 나타내는 표현을 찾아봅니다.
④ 그 표현을 찬찬히 생각하며 인물의 모습을 상상해 봅니다.

예 「개미집에 간 콩이」에 나오는 인물의 모습 상상하기

인물의 특성 알기	마법사 개미는 어떤 방에 있었나요?	무지갯빛 안개가 몽실몽실 피어나는 신기한 방에 있었습니다.
	마법사 개미는 어떤 옷을 입었나요?	머리에는 무지갯빛 모자를 쓰고 발까지 닿는 망토를 걸쳤습니다.
인물의 모습 상상하기	마법사 개미는 어떻게 생겼을까요?	예 몸집이 크고 웃는 얼굴일 것 같습니다.
	왜 그렇게 생각했나요?	예 목소리가 우렁우렁하고 호탕하게 웃기 때문입니다.

🍃 인물의 모습을 상상하며 이야기를 들으면 좋은 점

① 인물에 대해 잘 이해할 수 있습니다.
② 이야기를 재미있게 들을 수 있습니다.
③ 이야기의 내용을 잘 떠올릴 수 있습니다.

🍃 이야기를 듣고 인물의 모습 상상하기

① 이야기의 내용을 확인합니다.
② 이야기에 나오는 인물의 특성을 파악합니다.
③ 일이 일어난 차례대로 이야기를 정리합니다.
④ 이야기에 나오는 인물의 모습을 상상합니다.

 인물의 모습을 상상해 그림을 그려 보거나 어울리는 표정과 몸짓으로 친구들에게 표현해 보아요.

낱말 풀이

❶ 파악 어떤 대상의 내용을 확실하게 이해함.

❷ 특성 특수한 성질.

이야기를 읽고 일이 일어난 차례에 따라 이야기의 내용 말하기

① 어떤 일이 있었는지 이야기의 내용을 파악합니다.

② 인물의 모습을 상상해 표현해 봅니다. ┌─● 시간과 장소의 흐름에 따라 순서에 맞게 정리해 봅니다.

③ 일이 일어난 차례에 따라 이야기의 내용을 정리해 말해 봅니다.

예 「개미집에 간 콩이」의 내용을 일이 일어난 차례대로 말하기

> 생쥐 콩이는 새로 이사를 온 개미집에 놀러 갔습니다.
> (아침)에는 쌀알처럼 생긴 개미알이 쌓여 있는 애벌레 방을 구경했습니다. (점심때)는 막 알을 낳고 쉬고 있는 여왕개미의 방에 갔습니다. (저녁때)가 되어서 굴을 나가려다가 신기한 방에서 마법사 개미를 만났습니다.

일이 일어난 차례에 따라 이야기 꾸며 말하기

① 일이 일어난 차례에 따라 인물의 모습이 어떻게 변했는지 알아봅니다.

② 인물의 모습을 표정과 몸짓으로 흉내 내어 봅니다.

③ 이야기에 어울리는 인물, 시간, 장소를 골라 뒷이야기를 꾸며 이야기를 만듭니다.

④ 일이 일어난 차례를 생각하며 꾸민 이야기를 친구들에게 말해 봅니다.

⑤ 친구들이 꾸민 이야기에서 재미있는 부분을 찾아 말해 봅니다.

⑥ 자신이 꾸민 이야기에서 잘된 점과 고칠 점은 무엇인지 말해 봅니다.

> 인물의 모습이 그려진 그림을 보고 한 사람이 인물의 모습을 흉내 내어 표현하면 다른 사람이 그 인물을 알아맞히는 놀이를 해요. 이야기를 꾸며 말할 때 도움이 되지요.

바로바로 체크

1 이야기에 나오는 인물의 모습을 상상할 때 찾아보아야 할 표현을 쓰세요.

_____

_____

2 인물의 모습을 상상하며 이야기를 들으면 좋은 점으로 알맞은 것에 ○표를 하세요.

(1) 인물에 대해 잘 이해할 수 있다. ( )

(2) 이야기의 내용을 모두 기억할 수 있다. ( )

3 이야기를 읽고 인물의 모습을 상상하려면 인물의 □□을 파악하고, 일이 일어난 □□대로 이야기를 정리해야 합니다.

4 일이 일어난 차례를 나타내는 말을 모두 골라 ○표를 하세요.

> 아침에, 작년 여름, 깜짝,
> 옛날에, 오래, 끝까지

● **정답**

1. 인물의 말, 행동, 생김새 등을 나타내는 표현 2. (1) ○
3. 특성, 차례 4. 아침에, 작년 여름, 옛날에

7. 일이 일어난 차례를 살펴요

1~2

생쥐 콩이는 새로 이사를 온 집에 놀러 갔어요.
"어서 오세요!"

문을 열고 나온 것은 작은 일개미였어요. 개미는 콩이를 굴 안으로 안내했어요. 땅속으로 뚫린 굴은 아늑한 방으로 연결되었지요.

아침에는 애벌레 방을 구경했어요. 방에는 쌀알처럼 생긴 개미알이 쌓여 있었어요. 알 사이사이로 뽀얗고 포동포동한 애벌레가 기지개를 켰어요.

"정말 귀여운 아기야."

콩이는 애벌레를 살짝 쓰다듬어 주었어요.

점심때는 여왕개미 방에 갔어요. 여왕개미는 막 알을 낳고 잠깐 쉬는 중이었지요. 여왕개미가 활짝 웃으며 콩이를 맞이했어요.

"반가워요. 앞으로 자주 놀러 와요."

콩이는 상냥한 여왕개미가 마음에 들었어요.

「개미집에 간 콩이」, 천효정

1 생쥐 콩이가 개미집에서 만난 인물을 모두 고르세요. (　,　,　)

① 일개미　　　② 애벌레
③ 지렁이　　　④ 두더지
⑤ 여왕개미

✤중요

2 콩이가 한 일의 차례에 맞게 ㉠과 ㉡에 각각 들어갈 알맞은 말을 쓰세요.

> 생쥐 콩이는 ㉠ 는 '애벌레 방'을 구경했고, ㉡ 는 '여왕개미 방'을 구경했습니다.

㉠ (　　　　　　)
㉡ (　　　　　　)

3~4

어느 마을에 아주 넓고 아름다운 정원이 있었어요. 파란 잔디가 폭신폭신한 양탄자처럼 깔려 있고 봄이 되면 하늘의 별처럼 많은 꽃이 피어났지요. 아이들은 학교가 끝나면 모두 정원에 가서 놀았어요.

"여기서 놀면 정말 행복해!"

아이들은 정원을 무척이나 사랑했어요.

정원의 주인은 무시무시한 거인이었어요. 거인이 멀리 있는 친구를 만나러 갔다가 집에 돌아와 보니 정원은 아이들 차지가 되어 있었어요.

"이 녀석들, 당장 나가라!"

화가 난 거인이 쩌렁쩌렁 울리게 고함을 지르자 아이들은 놀라서 후다닥 달아나 버렸어요.

"이 정원은 내 거야. 아무도 내 정원에 들어오지 못하게 해야지."

「거인의 정원」, 오스카 와일드

3 아이들이 사랑한 정원의 모습으로 알맞지 <u>않은</u> 것은 어느 것인가요? (　　　)

① 아주 넓고 아름답다.
② 붉은 빛이 도는 분수대가 있다.
③ 봄이 되면 많은 꽃이 피어난다.
④ 파란 잔디가 양탄자처럼 깔려 있다.
⑤ 아이들이 학교가 끝나면 정원에 가서 논다.

4 이 글에서 알 수 있는 거인의 모습으로 알맞은 것을 모두 고르세요. (　,　)

① 몸집이 작다.
② 욕심이 많고 무섭다.
③ 목소리가 엄청 크다.
④ 인자하고 정이 많다.
⑤ 아이들을 무척 사랑한다.

5~7

그러던 어느 날 아침, 조금 열린 창문 틈으로 꽃향기가 솔솔 스며들고, 방울새의 맑은 노랫소리도 흘러 들어왔어요.

"앗, 드디어 봄이 왔군!"

㉠벌떡 일어나 창가로 간 거인은 눈이 휘둥그레졌어요. 나무마다 예쁜 꽃들이 활짝 피어 있고 아이들이 하나씩 올라앉아 있었거든요. 담장에 난 작은 구멍으로 아이들이 기어 들어왔던 거예요.

"나무야, 보고 싶었어."

아이들은 나무를 꼭 끌어안았지요. 아이들이 나뭇가지로 올라가자 꽃이 활짝 피었어요. 포르르 새들도 날아들고, 파릇파릇 잔디도 다시 돌아났지요.

5 ㉠에 나타난 거인의 마음으로 알맞은 것은 어느 것인가요? (   )

① 놀람
② 흐뭇함
③ 우울함
④ 속상함
⑤ 지루함

6 꽃이 피는 모습을 흉내 낸 말을 찾아 쓰세요.

(   )

7 아이들이 나무들을 끌어안았을 때 일어난 일이 아닌 것을 모두 고르세요. (,   )

① 꽃이 활짝 피었다.
② 새들이 날아들었다.
③ 거인이 살며시 웃었다.
④ 해가 쨍쨍 내리쬐었다.
⑤ 파릇파릇 잔디가 돋아났다.

8~10

여러 해가 지나고 거인은 어느덧 할아버지가 되었어요.

거인은 커다란 의자에 앉아 노는 아이들을 바라보며 중얼거렸어요.

"꽃들도 새들도 아름답지만 세상에서 가장 아름다운 건 바로 아이들이야."

어느 겨울 아침, 거인은 깜짝 놀랐어요. 정원 구석에 하얀 꽃이 활짝 핀 나무가 있었거든요. 그 나무 밑에는 거인이 그토록 보고 싶어 한 아이가 서 있었어요. 거인은 너무 반가워 정원으로 달려 나갔어요.

"얘야, 그동안 어디에 있었니? 무척 보고 싶었단다."

8 이 글의 계절은 언제인지 쓰세요.

(   )

9 거인이 세상에서 가장 아름다운 것은 무엇이라고 했나요? (   )

① 꽃
② 새
③ 정원
④ 나무
⑤ 아이들

⭐중요⭐

10 이 글에서 알 수 있는 거인의 모습으로 알맞은 것을 모두 고르세요. (,   )

① 무섭다.
② 인자하다.
③ 웃음이 없다.
④ 욕심이 많다.
⑤ 아이들을 사랑한다.

엘리자베스는 아름다운 공주였습니다. 엘리자베스 공주는 성에서 살고 있었는데, 그 성에는 비싸고 좋은 옷이 많았습니다. 공주는 로널드 왕자와 결혼해 행복하게 살 참이었습니다.

어느 날 아침 무렵, 무서운 용 한 마리가 나타나 공주의 성을 부수고 뜨거운 불길을 내뿜어 공주의 옷을 몽땅 불사르고 로널드 왕자를 잡아가 버렸습니다.

화가 난 공주는 용을 뒤쫓아 가서 왕자를 구해 오기로 결심했습니다. 그런데 입을 옷이 없어 주위를 둘러보다가 종이 봉지를 주워 입었습니다.

「종이 봉지 공주」, 로버트 먼치

11 용이 나타나기 전에 공주는 어떤 옷을 입었는지 쓰세요.

(   )

12 이 글에 나타난 일이 일어난 차례를 알 수 있는 말은 어느 것인가요? (   )

① 무서운　　　② 점심때
③ 행복하게　　④ 아름다운
⑤ 아침 무렵

중요

13 인물의 모습을 상상하며 이야기를 들으면 좋은 점은 무엇인지 보기 에서 찾아 쓰세요.

보기
재미있게　　　　이해

• 인물에 대해 잘 (   )할 수 있다.
• 이야기를 (   ) 들을 수 있다.
• 이야기의 내용을 잘 떠올릴 수 있다.

어느 날 아침 무렵, 무서운 용 한 마리가 나타나 공주의 성을 부수고 뜨거운 불길을 내뿜어 공주의 옷을 몽땅 불사르고 로널드 왕자를 잡아가 버렸습니다.

화가 난 공주는 용을 뒤쫓아 가서 왕자를 구해 오기로 결심했습니다. 그런데 입을 옷이 없어 주위를 둘러보다가 종이 봉지를 주워 입었습니다.

용이 지나간 길목에 있는 숲은 모두 타 버리고 그 자리에는 말 뼈들만 뒹굴고 있었습니다. 공주는 용이 지나간 흔적을 따라 계속 걸어갔습니다.

점심때가 채 안 되어서 마침내 공주는 큰 문이 달린 동굴 앞에 다다랐습니다. 공주는 문고리를 잡고 문을 쾅쾅 두드렸습니다.

14 어느 날 아침 무렵에 무서운 용 한 마리가 한 일을 모두 고르세요.

(,   ,   )

① 공주의 성을 부수었다.
② 로널드 왕자를 잡아가 버렸다.
③ 공주의 옷을 몽땅 불살라버렸다.
④ 공주의 옷을 모두 가져가 버렸다.
⑤ 왕자로 변신해 공주와 결혼을 했다.

15 이 이야기에서 시간을 나타내는 말은 어느 것인가요? (   )

① 언덕　　　　② 쾅쾅
③ 점심때　　　④ 마침내
⑤ 동굴 앞에

① 「올챙이와 개구리」의 노랫말을 떠올리며 개구리알이 개구리가 되는 과정에 알맞게 빈칸에 들어갈 말을 쓰세요.

개구리가 알을 낳았어요.

▼

알에서 ((1)   )이/가 나왔어요.

▼

올챙이가 점점 자라서 ((2)   )이/가 쑥 나왔어요.

▼

앞다리가 쑥 나왔어요.

▼

꼬리가 없어지고 팔딱팔딱 뛰어다니는 ((3)   )이/가 되었어요.

■ 일이 일어난 차례대로 이야기를 정리하는 방법
• 이야기에서 누가 무엇을 했는지 살펴봅니다.
• 일이 일어난 차례대로 이야기를 정리합니다.

② 「소가 된 게으름뱅이」를 읽고 그림에 차례대로 번호를 쓰세요.

어느 마을에 게으름뱅이가 살고 있었는데, 일하라는 아내의 잔소리가 듣기 싫어서 집을 나가기로 했어요. 며칠 뒤 집을 나온 게으름뱅이는 일하기 싫어하는 사람이 쓰면 좋은 일이 생긴다는 노인의 말을 듣고 쇠머리 탈을 썼어요. 소가 된 게으름뱅이는 농부에게 팔려 하루 종일 힘들게 일하게 되자 빈둥빈둥 놀기만 했던 지난날을 후회했어요. 이튿날, 소가 된 게으름뱅이가 무밭으로 뛰어들어 무를 먹자 쇠머리 탈과 쇠가죽이 벗겨져서 다시 사람으로 돌아왔어요. 그 뒤 게으름뱅이는 아내와 함께 부지런히 일하며 행복하게 살았답니다.

(   )

(   )

(   )

■ 이야기를 듣고 인물의 모습 상상하기
• 이야기의 내용을 확인합니다.
• 이야기에 나오는 인물의 특성을 파악합니다.
• 일이 일어난 차례대로 이야기를 정리합니다.
• 이야기에 나오는 인물의 모습을 상상합니다.

국어 **31**

8. 바르게 말해요

❖ 친구들과 대화를 할 때 바르게 듣는 자세

• 말하는 친구를 바라봅니다.
• 친구의 말에 집중합니다.
• 친구가 말하는 도중에 함부로 끼어들지 않습니다.

❖ 친구들 앞에서 이야기할 때 주의할 점

• 듣는 친구의 눈을 보며 말합니다.
• 친구들이 이해하기 쉽게 정리해 말합니다.
• 바른 말을 사용해 말합니다.

❖ 알림 활동의 종류

• 텔레비전 광고②
• 인터넷 광고
• 학교 누리집 게시판 글쓰기
• 신문, 편지, 잡지

❖ 광고 내용 파악하기

• 그림을 보고 어떤 말을 하고자 하는지 생각해 봅니다.
• 글에서 가장 핵심이 되는 문장을 찾아봅니다.
• 광고에 말하고자 하는③ 의도가 정확히 담겨 있는지 생각해 봅니다.

바른 말을 사용하면 좋은 점
① 자신의 생각을 정확하게 표현할 수 있습니다.
② 다른 사람과 대화할 때 오해를 줄일 수 있습니다.
③ 우리말을 소중히 여겨야 합니다.

바른 말 알기
① 헷갈리기 쉬운 말의 뜻을 정확히 알아봅니다.
② 바른 말 사전이나 카드를 만들어 뜻이① 혼동되는 낱말을 쓰고 그림과 함께 정확한 뜻을 써 봅니다.

예 혼동되기 쉬운 낱말

적다 / 작다	적다: 수나 양이 부족하다. '많다'의 반대말.
	작다: 크기가 보통보다 덜하다. '크다'의 반대말.
잊다 / 잃다	잊다: 기억하지 못하거나 생각해 내지 못하다.
	잃다: 물건, 기회가 없어지다.
가르치다 / 가리키다	가르치다: 지식이나 기능 등을 알려 주다.
	가리키다: 손이나 화살표 등이 대상을 알리다.

바른 말로 대화하기
① 경험한 일 가운데에서 가장 기억에 남는 일을 떠올려 봅니다.
② 기억에 남는 사건들을 중심으로 친구들과 이야기합니다.
③ 친구들이 이해하기 쉽게 바른 말을 사용해 자세하고 구체적으로 말합니다.
④ 말끝을 흐리지 않고 말합니다.
⑤ 적당한 목소리 크기와 속도로 말합니다.

┌─→ 올바른 일을 많은 사람에게 널리 알리는 일
다양한 알림 활동
① 교문 앞에서 학생들에게 바른 말을 쓰자고 말할 수 있습니다.
② 편지를 통해 바른 말을 사용하자고 이야기할 수 있습니다.
③ 학급 누리집에 바른 말을 쓰자는 글을 올릴 수 있습니다.

낱말 풀이

❶ 혼동 구별하지 못하고 뒤섞여서 생각함.
❷ 광고 세상에 널리 알림.
❸ 의도 무엇을 하고자 하는 생각.

9. 주요 내용을 찾아요

글에서 주요 내용이 무엇인지 알기
① 글을 읽고 주요 내용이라고 생각되는 문장에 밑줄을 그어 봅니다.
② 자신이 찾은 주요 내용을 짝과 함께 돌아가며 말해 봅니다.
③ 글에서 주요 내용이 무엇인지 친구들과 이야기해 봅니다.

주요 내용이란 글쓴이가 말하고 싶은 내용이나 글쓴이가 그렇게 생각하는 까닭을 말해요.

글을 읽고 주요 내용을 찾는 방법
① 글의 제목을 보고 무엇에 대한 내용인지 짐작합니다.
② 글쓴이가 하고 싶은 말이 무엇인지 찾습니다.
③ 글쓴이가 그렇게 말한 까닭을 찾습니다.

주요 내용을 확인하고 자신의 생각 말하기
① 제목을 보고 내용을 짐작해 봅니다.
② 글을 읽고 글의 내용을 파악해 봅니다.
③ 글에 나타난 인물들의 생각을 정리하고, 그 생각 가운데에서 좋은 방법을 고릅니다.
④ 자신이 생각하는 해결 방법과 까닭을 정리합니다.
⑤ 정리한 생각을 바탕으로 하여 친구들 앞에서 발표합니다.

예 「어떻게 하면 좋을까?」를 읽고 해결 방법 찾기

- 쥐 가족이 제시한 세 가지 방법을 정리합니다.
- 각 방법의 좋은 점과 안 좋은 점을 정리합니다.
- 모둠 친구들과 자신이 정리한 좋은 점과 안 좋은 점에 대해 이야기를 나눕니다.
- 친구들과 이야기를 나눈 결과를 합쳐 가장 좋은 방법은 무엇인지 생각해 봅니다.

바로바로 체크

1 ( ) 안의 알맞은 말에 ◯표를 하세요.
  (1) 나는 동생보다 키가 (적다 / 작다).
  (2) 작년에 있었던 일을 모두 (잊어버렸다 / 잃어버렸다).

2 바른 말을 사용하면 자신의 생각을 ☐☐하게 표현할 수 있고, 다른 사람과 대화할 때 ☐☐를 줄일 수 있습니다.

3 글에서 글쓴이가 말하고 싶은 내용을 무엇이라고 하는지 쓰세요.
        (   )

4 글을 읽고 주요 내용을 확인할 때 무엇을 보면 짐작할 수 있는지 보기 에서 찾아 쓰세요.
  보기
  제목   길이   첫소리
        (   )

▶ 정답
1. (1) 작다 (2) 잊어버렸다   2. 정확, 오해   3. 주요 내용   4. 제목

8. 바르게 말해요

1~3

1 민수와 장페이의 대화로 미루어 볼 때 장페이는 어느 나라에서 왔는지 쓰세요.

( )

2 대화 **4**에서 장페이가 민수의 말에 당황한 까닭은 무엇인가요? ( )

① 민수가 월병을 몰라서
② 민수가 중국에 간다고 해서
③ 민수가 장페이를 다치게 해서
④ 민수가 중국 음식은 맛이 없다고 해서
⑤ 민수가 장페이에게 '틀리다' 라고 해서

3 대화 **4**에서 민수가 잘못 말한 낱말을 고쳐 쓰세요.

( )

잘 틀려요

4 낱말과 그 뜻이 바르게 되도록 선으로 이어 보세요.

(1)	크다	•		• ㉠	알았던 것을 기억하지 못하다.
(2)	많다	•		• ㉡	가졌던 물건이나 사람 등이 없어지다.
(3)	잊다	•		• ㉢	수나 양이 보통을 넘다.
(4)	잃다	•		• ㉣	크기가 보통보다 더하다.

서술형

5 오른쪽 그림을 보고 바른 말을 사용해 알맞은 문장을 쓰세요.

작다 / 적다

_____

_____

중요

6 바른 말을 사용하면 좋은 점으로 알맞은 것을 모두 고르세요. (,)

① 말을 더 어렵게 나타낼 수 있다.
② 느낌을 더 재미있게 나타낼 수 있다.
③ 우리말을 소중히 생각하지 않아도 된다.
④ 자신의 생각을 정확하게 표현할 수 있다.
⑤ 다른 사람과 대화할 때 오해를 줄일 수 있다.

지난 추석에 우리 ㉠가족은 야영을 했다. 야영장에 천막을 치고 ㉡공놀이를 했다. 해가 지자 ㉢접시를 꺼내 ㉣음식 준비를 했다. 저녁으로 ㉤주먹밥을 먹었다. 저녁을 먹고 나서 노래를 부르며 놀았다. 즐거운 하루였다.

7 글쓴이와 가족이 저녁을 먹고 한 일은 무엇인가요? (　　)

① 잠자기　　　　② 게임하기
③ 춤 추기　　　　④ 낚시하기
⑤ 노래 부르기

잘 들려요

8 ㉠~㉤ 가운데에서 소리와 글자가 다르지 않은 것은 어느 것인가요? (　　)

① ㉠　　　② ㉡　　　③ ㉢
④ ㉣　　　⑤ ㉤

9 '바른 말 사용하기'에 대한 알림 활동으로 알맞지 않은 방법은 어느 것인가요? (　　)

① 편지 쓰기
② 혼자 속으로 생각하기
③ 학교 누리집에 글 올리기
④ 쓴 글을 학생들에게 나누어 주기
⑤ 교문 앞에서 학생들에게 연설하기

9. 주요 내용을 찾아요

학용품에 꼭 이름을 쓰자

김현진

친구들아, 학용품에는 꼭 이름을 쓰자. 이름을 써 놓지 않으면 교실 바닥에 떨어진 학용품을 주워도 누가 주인인지 알 수 없어. 학용품을 찾지 못하면 잃어버린 친구는 새로 사야 할 수도 있어. 그러면 돈이 낭비될 거야.

학용품에 꼭 이름을 써서 학용품을 잃어버린 친구에게 쉽게 돌려줄 수 있으면 좋겠어.

10 학용품에 이름을 쓰지 않으면 생기는 어려움으로 알맞은 것을 모두 고르세요.

(　　,　　)

① 학용품이 쉽게 고장 날 수 있다.
② 오래된 학용품만 사용하게 된다.
③ 학용품을 주워도 누가 주인인지 알 수 없다.
④ 친구 학용품을 빌려야 해서 친구와 사이가 멀어질 수 있다.
⑤ 학용품을 찾지 못하면 잃어버린 친구는 새로 사야 해서 돈이 낭비된다.

중요

11 현진이가 말하고자 하는 주요 내용은 무엇인가요? (　　)

① 학용품을 새로 사서 쓰자.
② 주운 학용품은 반드시 주인에게 돌려주자.
③ 학용품을 주우면 교실 사물함에 넣어 두자.
④ 여러 가지 학용품을 사지 말고 필요한 것만 사자.
⑤ 주인을 쉽게 찾을 수 있도록 학용품에 이름을 쓰자.

아버지와 함께 간 치과에는 이가 아파서 온 친구가 많았습니다.

"가림아, 음식을 먹고 이를 잘 닦지 않았지? 이를 잘 닦지 않아 이가 썩었구나."

의사 선생님께서 썩은 이를 치료하셨습니다. 아프기도 하고 무섭기도 해서 나도 모르게 눈물이 찔끔찔끔 나왔습니다. 의사 선생님께서는 입 안에 음식 찌꺼기가 남아 있으면 입 안에 사는 세균이 이를 썩게 한다고 하셨습니다. 평소에 이를 잘 닦지 않은 것을 많이 후회했습니다. 이 닦기만 잘해도 이를 건강하게 지킬 수 있습니다. 이를 잘 닦지 않으면 이가 썩어서 아프고 건강을 해치니까 이를 잘 닦는 습관을 길러야겠습니다.

12 글쓴이의 이가 썩은 까닭은 무엇인가요?

( )

① 새 이가 많이 나서
② 단 음식을 너무 많이 먹어서
③ 친구와 놀다가 이가 부러져서
④ 음식을 먹고 이를 잘 닦지 않아서
⑤ 단단한 음식을 너무 세게 깨물어서

13 글쓴이가 하고 싶은 말은 무엇인가요?

( )

① 단 음식을 많이 먹지 말자.
② 이를 잘 닦는 습관을 기르자.
③ 치과에 자주 가서 검진을 받자.
④ 너무 단단한 음식을 먹지 말자.
⑤ 음식을 골고루 먹고 건강해지자.

고양이가 날마다 쥐를 잡아 가자 할아버지 쥐는 가족회의를 열었습니다.

"어제 또 우리 가족이 고양이에게 잡혀갔습니다. 더 이상 우리 가족을 잃을 수는 없습니다."

"어떻게 하면 좋을까요?"

모두 좋은 방법이 떠오르지 않았습니다.

그때 첫째 쥐가 말했습니다.

"이사를 가면 어때요? 이웃 마을에는 고양이가 없을 거예요."

그러자 둘째 쥐가 말했습니다.

"이삿짐 싸기가 힘들잖아요. 차라리 한 명씩 돌아가며 망을 보면 어때요?"

가만히 듣고 있던 셋째 쥐가 말했습니다.

"고양이 목에 방울을 달면 어때요? 고양이가 올 때마다 소리가 나니까 빨리 도망갈 수 있잖아요."

14 할아버지 쥐가 가족회의를 연 까닭은 무엇인가요? ( )

① 이사를 가기 위한 방법을 찾기 위해서
② 고양이와 친구가 되는 방법을 찾기 위해서
③ 망을 보는 가장 좋은 방법을 찾기 위해서
④ 고양이에게 가족을 잃지 않는 방법을 찾기 위해서
⑤ 가족이 서로 화목하게 지내는 방법을 찾기 위해서

서술형

15 쥐 가족의 생각 가운데에서 가장 좋은 방법과 그렇게 생각한 까닭을 쓰세요.

(1) 가장 좋은 방법: _____

(2) 그렇게 생각한 까닭: _____

_____

1 [보기]의 낱말을 사용해 그림에 어울리는 문장을 완성하세요.

> [보기]
>
> 가리키셨다   가르치셨다   잃어버렸다   잊어버렸다

(1)  ⇨ 선생님께서 공부를

_____

(2) ⇨ 유치원 친구의 이름을

_____

2 다음 글을 이해하기 어려운 까닭을 바르게 말한 친구에게 ○표를 하세요.

> 우리말에는 음식에서 비롯된 말이 있는데 '숙맥 같다', '골탕 먹이다', '비지땀'과 같은 말이고 이런 말이 어디에서 비롯되었는지 알면 우리말의 재미를 느낄 수 있다.

(1) 자신의 생각이 무엇인지 잘 나타나지 않았어.

(2) 문장을 너무 길게 써서 이해하기 어려워.

(3) 글씨를 바르게 쓰지 않아서 잘 이해하지 못했어.

(   )   (   )   (   )

■ 자신의 생각을 나타낼 때 주의할 점

• 문장을 길게 늘여 쓰지 않고 하고 싶은 말만 정확하게 나타냅니다.

• 자신의 생각을 구체적으로 나타내야 합니다.

• 소리가 다른 글자에 주의하며 정확하게 씁니다.

3 '자연을 보호하자'라는 주제로 생각을 나타내는 글을 쓰려고 합니다. 그림에 어울리는 자연을 보호하는 방법을 쓰세요.

10. 칭찬하는 말을 주고받아요

❖ 칭찬하는 말을 하거나 들었던 경험 예

• 다친 친구의 가방을 들어 주었을 때
• 운동을 잘했을 때
• 준비물과 숙제를 스스로 챙겼을 때
• 놀이를 하면서 질서를 잘 지켰을 때
• 쓰레기를 주웠을 때
• 어머니를 도와드렸을 때
• 줄넘기를 열심히 연습했을 때

❖ 역할극을 하는 방법

• 공연하고 싶은 이야기를 정합니다.
• 등장인물의 성격이 어떠한지 친구들과 이야기 나눕니다.
• 의논한 인물의 역할에 맞는 연기자를 정하고 역할을 정합니다.
• 공연을 위해 필요한 소품이 있는지 확인하고 준비합니다.
• 인물의 성격이 드러나게 말을 합니다.
• 상황에 맞는 행동을 합니다.

✏️ 낱말 풀이

❶ 비교 둘 이상의 차이점, 비슷한 점을 따져봄.
❷ 겸손 남을 존중하고 자기를 내세우지 않는 태도가 있음.
❸ 인형극 배우 대신 인형을 등장시켜 만든 연극.

🔖 칭찬하는 말을 주고받으면 좋은 점

칭찬하는 말을 들으면 좋은 점
① 기분이 좋아집니다.
② 더 잘하고 싶은 생각이 듭니다. → 자신감이 생깁니다.
③ 더 열심히 해야겠다는 생각이 듭니다.
칭찬하는 말을 하면 좋은 점 → 칭찬하는 사람과 사이가 좋아집니다.
① 친구가 좋아하는 모습을 보고 내 기분도 좋아집니다.
② 친구와 더 친해진 기분이 듭니다.

🔖 칭찬하는 말과 대답하는 말을 하는 방법 → 표정, 목소리, 행동 등에 진심을 담아야 합니다.

칭찬하는 말을 하는 방법
① 열심히 하고 노력하는 점을 칭찬합니다.
② 칭찬하는 까닭을 이야기합니다.
③ 고마운 점이 있으면 '덕분에'와 같은 말을 넣어 칭찬합니다.
④ 자신의 장점이나 단점❶과 비교해 봅니다. → 단점보다 장점을 먼저 봅니다.
⑤ 너무 부풀려서 칭찬하지 않습니다.
칭찬하는 말에 대답하는 말을 하는 방법
① 고마움을 표시합니다.
② 상대를 같이 칭찬해 줍니다.
③ 겸손❷한 태도로 대답합니다.

열심히 하고 노력하는 점을 찾아 칭찬하거나, 잘하는 점과 친구가 잘한 일에 대한 느낌을 말하는 것이 좋아요.

🔖 칭찬 쪽지 쓰기

① 친구가 잘하는 점을 씁니다.
② 잘하지는 못해도 노력하는 점을 칭찬할 수 있습니다.
③ 친구의 모습을 칭찬할 수 있습니다.
④ 친구가 조금씩 좋아지는 점을 칭찬할 수 있습니다.
⑤ 칭찬할 점과 함께 자신의 생각이나 느낌을 함께 씁니다.
⑥ 맨 마지막에는 쓴 사람을 씁니다.

11. 실감 나게 표현해요

인물의 말과 행동 표현하기
① 표현 방법을 생각하며 인형극을 봅니다.
② 인물의 말과 행동에 어울리도록 실감 나게 표현합니다.
③ 자신의 경험을 떠올려 인물의 말과 행동에 어울리는 몸짓으로 표현해 봅니다.

표현 방법을 생각하며 인형극 보기
① 어떤 일이 일어났는지 살펴보며 인형극을 봅니다.
② 등장인물의 말과 행동의 특징을 살펴봅니다.
③ 인물이 그렇게 말하고 행동한 까닭을 생각해 봅니다.
④ 인물의 말과 행동의 특징을 생각하며 실감 나게 표현해 봅니다.
⑤ 인형극에서 인상 깊었던 장면에서 인물의 특징을 생각하며 실감 나게 표현해 봅니다.

예 「피노키오」에 나온 인물의 말과 행동

아이고, 깜짝이야. 누가 지금 이야기를 했지?

말	깜짝 놀란 목소리로
까닭	사람이 없는데 사람 목소리가 들렸기 때문에
행동	주위를 두리번거리며 둘러본다.
까닭	누가 말을 했는지 찾아보기 위해서

할아버지, 저예요. 저는 말도 하고 움직일 수도 있어요.

말	신나는 목소리로
까닭	말을 하고 움직이게 된 것을 자랑하고 싶어서
행동	몸을 천천히 일으킨다.
까닭	처음 움직이기 때문에 천천히 움직이기 위해서

인물의 말과 행동을 실감 나게 표현하는 방법
┌─ 인물이 처한 상황과 인물의 마음을 생각해 봅니다.
① 말의 높낮이, 말의 빠르기, 말소리의 크기를 다르게 합니다.
② 말과 행동에 어울리는 목소리로 말합니다.
③ 인물의 특징에 맞는 몸짓을 분명하게 표현합니다.
④ 인물의 특징이 잘 드러나게 표현합니다.
⑤ 정면을 바라보며 행동합니다.

10. 칭찬하는 말을 주고받아요

1~2

바다에는 내려앉아 쉴 곳이 없기 때문에 부지런히 날개를 움직여야만 해요. 그때였어요. 갑자기 무시무시한 회오리바람이 불어왔어요. 이런 바람이라면 커다란 어른 기러기도 자칫 방향을 잃을 수 있어요.

막내는 덜컥 겁이 났어요. 아무래도 자신의 작은 날개로는 이렇게 거센 회오리바람을 이겨 낼 수 없을 것 같았어요.

모든 기러기가 막내를 바라보았어요.

"너처럼 열심히 노력하는 기러기는 보지 못했단다. 조금만 더 힘을 내렴."

막내는 정신이 아찔할 정도로 무서웠지만, 회오리바람을 뚫고 끝까지 날아올랐어요.

㉠"제가 힘들고 지칠 때마다 칭찬을 해 주신 덕분에 여기까지 올 수 있었어요. 정말 고맙습니다."

「막내 기러기의 첫 여행」, 류호선

1 막내 기러기가 회오리바람을 이겨 낼 수 있었던 까닭은 무엇인가요? (　　　)

① 날개가 크고 힘이 세서
② 회오리바람이 멈출 때 날아올라서
③ 힘들고 지칠 때마다 바다에 앉아 쉬어서
④ 모든 기러기가 막내의 날개를 잡아 주어서
⑤ 힘들고 지칠 때마다 모든 기러기가 칭찬을 해 주어서

잘 틀려요

2 ㉠에 대한 설명으로 알맞은 것은 어느 것인가요? (　　　)

① 고마움을 표시했다.
② 건방진 태도로 말했다.
③ 미안한 마음이 나타나 있다.
④ 꾸중을 들어서 기분 나빠 하고 있다.
⑤ 칭찬 받은 일에 대해 부끄러워하고 있다.

3 선생님의 말씀을 들은 남자아이의 말로 알맞은 것은 어느 것인가요? (　　　)

인사하는 목소리가 우렁차구나. 네 인사를 받으니 선생님도 기분이 좋단다.

① 정말 죄송합니다.
② 정말 너무하시네요.
③ 칭찬해 주셔서 고맙습니다.
④ 선생님께서도 인사하셔야죠.
⑤ 제가 인사를 잘하기는 하지요?

4~5

4 그림 가 에 어울리는 칭찬하는 말은 무엇인가요? (　　　)

① 줄넘기 연습 좀 더 해야겠구나.
② 줄넘기가 잘 안 되니 속상하지?
③ 줄넘기 연습을 열심히 하는구나.
④ 내가 너보다 더 잘할 수 있겠구나.
⑤ 줄넘기 대회에 선수로 나갈 수 있겠니?

서술형

5 그림 나 에서 다리를 다친 친구의 가방을 들어 준 친구에게 알맞은 칭찬하는 말을 쓰세요.

_____

_____

6 그림 속 남자아이가 여자아이에 대해 칭찬한 것은 무엇인지 쓰세요.

( )

7 여자아이의 말은 칭찬하는 말과 대답하는 말을 하는 방법 가운데에서 무엇에 해당하나요? ( )

① 고마움을 표시한다.
② 상대를 같이 칭찬한다.
③ 노력하는 점을 찾아 칭찬한다.
④ '덕분에'와 같은 말을 넣어 칭찬한다.
⑤ 칭찬 받은 일에 대해 기쁘다고 이야기한다.

서술형

8 오른쪽 그림에서 여자아이가 칭찬하는 말을 할 때 잘못한 점은 무엇인지 쓰세요.

_____

_____

11. 실감 나게 표현해요

9~11

9 아이들이 하고 있는 놀이를 모두 고르세요.
(, ,)

① 팽이치기
② 연날리기
③ 썰매 타기
④ 눈싸움 하기
⑤ 눈사람 만들기

10 그림에 나타나 있는 아이들의 마음으로 알맞은 것은 어느 것인가요? ( )

① 신남
② 미안함
③ 시무룩함
④ 억울함
⑤ 어지러움

서술형

11 눈싸움을 하다가 눈에 맞은 아이의 모습을 실감 나게 표현하려면 어떻게 하면 좋을지 쓰세요.

_____

_____

[12~13]

제1막

제페토 할아버지가 아들이 있기를 바라는 마음으로 나무 인형 하나를 만든다.

제페토 할아버지: (나무 인형을 보며) 자, 드디어 완성했군. 오, 그래. 네 이름을 '피노키오'라 지어 주마. 네가 정말 내 아들이면 좋겠구나. 그럼 잘 자렴. (할아버지가 피노키오를 바닥에 눕혀 놓고 잠을 자러 간다.)

요정: 나무 인형 피노키오야! 나는 마음 착한 제페토 할아버지의 소원을 들어주기 위해 왔어. 자, 어서 일어나렴.

피노키오: (㉠조금씩 몸을 움직이며) 어…… 어……, 내…… 내가 저…… 정말…… 혼자 움직이고 말을 하고 있잖아? 이런…… 세상에!

요정: 안녕? 내가 바로 너를 깨운 요정이란다.

피노키오: 우아! 그럼 제가 사람인가요?

요정: 넌 아직 사람은 아니야. 말하고 움직이는 나무 인형이지.

12 제페토 할아버지의 소원은 무엇인지 쓰세요.

_____

_____

13 피노키오가 ㉠처럼 몸을 천천히 움직인 까닭은 무엇인가요? (   )

① 몸을 처음 움직이기 때문에
② 잠을 자고 일어났기 때문에
③ 할아버지가 잠에서 깰 것 같았기 때문에
④ 요정의 몸짓을 따라 하고 싶었기 때문에
⑤ 요정이 천천히 움직이라고 시켰기 때문에

[14~15]

요정: 무슨 일이 있었던 거니?

피노키오: 음……, 그러니까 절대 가지 않겠다고 했는데 여우 괴물이 나타나서 저를 여기로 끌고 왔어요.

피노키오의 코가 길어진다.

피노키오: (코를 보고 놀라며) 어? 내 코가 왜 이러지?

요정: (한숨을 쉬며) 거짓말을 하면 네 코는 점점 길어질 거야.

피노키오: (엉엉 울며) 사실은 학교에 가기 싫어서 몰래 공연을 보러 왔어요. 잘못했어요.

피노키오의 코가 다시 짧아진다.

요정: 그래. 앞으로 거짓말을 하면 안 된다는 것을 기억하렴. 그리고 너에게 알려 줄 일이 있어. 할아버지께서 너를 찾으려다 바다에 빠지셨어.

피노키오: ㉠할아버지께서요? 그럼 얼른 할아버지를 구하러 가야겠어요.

14 피노키오의 코가 길어진 까닭은 무엇인가요? (   )

① 거짓말을 해서
② 학교에 가기 싫어서
③ 여우 괴물이 나타나서
④ 몰래 공연을 보러 가서
⑤ 할아버지께 잘못한 일이 많아서

🌟중요🌟
15 ㉠에 어울리는 목소리는 무엇인가요?

(   )

① 즐거운 목소리
② 억울한 목소리
③ 행복한 목소리
④ 걱정하는 목소리
⑤ 부드러운 목소리

1 칭찬 상장을 만들려고 합니다. 보기 와 같이 칭찬 상장을 전하고 싶은 사람에 알맞은 칭찬할 내용을 쓰세요.

| 환경미화원 | 동네를 깨끗이 청소해 주심. |
| | 쓰레기를 치워 주심. |

| 엄마 | |

■ 칭찬하는 말을 하는 방법
• 칭찬하는 내용이 잘 나타나게 칭찬합니다.
• 칭찬하는 까닭을 이야기합니다.
• 진심을 담아 칭찬합니다.
• 너무 부풀려서 칭찬하지 않습니다.

2 베짱이의 말을 실감 나게 표현하는 방법으로 알맞은 것에 모두 ○표를 하세요.

(1) 힘없는 목소리로 ( ) (2) 노래하듯이 ( ) (3) 즐거운 표정으로 ( )

■ 인물의 말과 행동을 실감 나게 표현하는 방법
• 말의 높낮이, 말의 빠르기, 말소리의 크기를 다르게 합니다.
• 말과 행동에 어울리는 목소리로 말합니다.
• 인물의 특징에 맞는 몸짓을 분명하게 표현합니다.
• 인물의 특징이 잘 드러나게 표현합니다.

3 그림을 보고 개미들의 행동을 실감 나게 표현하는 방법으로 알맞은 것에 모두 색칠하세요.

성큼성큼 걸으며

땀을 닦으며

다리를 부들부들 떨며

등장인물 칭찬하기

학년　　　반　　　번　　　　　입니다.

 동화책 한 권을 읽고 이야기에 나오는 인물을 칭찬해 봅시다.

책 제목:

이름

위 인물은

때문에 칭찬합니다.

년　　　월　　　일

멋진 친구

재미있는 끝말잇기

학년　　　반　　　번　　　　　입니다.

 읽은 동화책의 등장인물의 이름으로 시작하는 낱말로 짝과 함께 끝말잇기를 해
봅시다.

<보기>

| 인어 공주 | ➡ | 주인공 | ➡ | 공기 |
| 도토리 | ⬅ | 차도 | ⬅ | 기차 |

출제 예상 문제 분석

단원명	주요 출제 내용	출제 빈도	공부한 날
1. 네 자리 수	• 100이 10개인 수 알아보기	★★★	월 일
	• 몇천 알아보기	★★★★	
	• 네 자리 수 알아보기	★★★★★	
	• 각 자리의 숫자는 얼마를 나타내는지 알아보기	★★★★★	
	• 뛰어 세어 보기	★★★★	
	• 어느 수가 더 큰지 비교하기	★★★★★	
2. 곱셈구구	• 2의 단에서 9의 단까지 곱셈구구를 알아보기	★★★★★	월 일
	• 1의 단 곱셈구구와 0의 곱 알아보기	★★★★	
	• 곱셈표를 만들어 보기	★★★	
	• 곱셈구구를 이용해서 문제를 해결해 보기	★★★★★	
3. 길이 재기	• cm보다 더 큰 단위를 알아보기	★★★★★	월 일
	• 자로 길이를 재어 보기	★★★★	
	• 길이의 합을 구해 보기	★★★★★	
	• 길이의 차를 구해 보기	★★★★★	
	• 길이를 어림해 보기	★★★	

단원명	주요 출제 내용	출제 빈도	공부한 날
4. 시각과 시간	• 몇 시 몇 분을 알아보기 • 여러 가지 방법으로 시각을 읽어 보기 • 1시간을 알아보기 • 하루의 시간을 알아보기 • 달력을 알아보기	★★★★★ ★★★★ ★★★★★ ★★★★ ★★★★	월 일
5. 표와 그래프	• 자료를 보고 표로 나타내어 보기 • 자료를 조사하여 표로 나타내어 보기 • 그래프로 나타내어 보기 • 표와 그래프의 내용을 알아보기 • 표와 그래프로 나타내어 보기	★★★★★ ★★★★ ★★★★★ ★★★★ ★★★★	월 일
6. 규칙 찾기	• 덧셈표에서 규칙을 찾아 보기 • 곱셈표에서 규칙을 찾아 보기 • 무늬에서 규칙을 찾아 보기 • 쌓은 모양에서 규칙을 찾아 보기 • 생활에서 규칙을 찾아 보기	★★★★ ★★★★ ★★★★★ ★★★★ ★★★★★	월 일

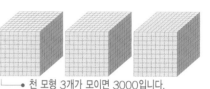

1. 네 자리 수

❖ 1000을 나타내는 수
다음은 1000을 나타내는
수입니다.

900보다 100만큼 더 큰 수	
990보다 10만큼 더 큰 수	=1000
999보다 1만큼 더 큰 수	

❖ 8243 알아보기

1000이 8 → 8000
100이 2 → 200
10이 4 → 40
1이 3 → 3

[쓰기] 8243
[읽기] 팔천이백사십삼

❖ 0이 있는 네 자리 수 읽기
자리의 숫자가 0이면 자릿
값을 읽지 않습니다.
(예) 3075 ➡ 삼천칠십오

❖ 네 자리 수의 크기를 비교
하는 방법
① 천의 자리 수끼리 비교합
니다.
(예) 2345 > 1289
② 천의 자리 수가 같으면
백의 자리 수끼리 비교합
니다.
(예) 2345 > 2269
③ 천의 자리, 백의 자리 수
가 같으면 십의 자리 수
끼리 비교합니다.
(예) 2345 > 2336
④ 천의 자리, 백의 자리, 십
의 자리 수가 같으면 일의
자리 수끼리 비교합니다.
(예) 2345 > 2341

✔ 100이 10개인 수를 알아볼까요

- 100이 10개이면 **1000**입니다.
- 1000은 **천**이라고 읽습니다.

└─➡ 백 모형 10개가 모이면 천 모형 1개와 같습니다.

✔ 몇천을 알아볼까요

- 1000이 3개이면 **3000**입니다.
- 3000은 **삼천**이라고 읽습니다

└─➡ 천 모형 3개가 모이면 3000입니다.

수	쓰기	읽기
1000이 1개인 수	1000	천
1000이 2개인 수	2000	이천
1000이 3개인 수	3000	삼천
1000이 4개인 수	4000	사천
1000이 5개인 수	5000	오천
1000이 6개인 수	6000	육천
1000이 7개인 수	7000	칠천
1000이 8개인 수	8000	팔천
1000이 9개인 수	9000	구천

✔ 네 자리 수를 알아볼까요

- 1000이 2개, 100이 3개, 10이 4개, 1이 5개이면 **2345**입니다.

천 모형	백 모형	십 모형	일 모형
1000이 2개	100이 3개	10이 4개	1이 5개
└•2000	└•300	└•40	└•5

- **2345**는 이천삼백사십오라고 읽습니다.

각 자리의 숫자는 얼마를 나타낼까요

천의 자리	백의 자리	십의 자리	일의 자리
2	3	4	5

⇩

2	0	0	0
	3	0	0
		4	0
			5

- 2는 천의 자리 숫자이고, 2000을 나타냅니다.
- 3은 백의 자리 숫자이고, 300을 나타냅니다.
- 4는 십의 자리 숫자이고, 40을 나타냅니다.
- 5는 일의 자리 숫자이고, 5를 나타냅니다.

$$2345=2000+300+40+5$$

뛰어 세어 볼까요

- 1000씩 뛰어 세기 ──▶ 천의 자리 숫자가 1씩 커집니다.

1000 ─ 2000 ─ 3000 ─ 4000 ─ 5000 ─ 6000 ─ 7000 ─
8000 ─ 9000

- 100씩 뛰어 세기 ──▶ 백의 자리 숫자가 1씩 커집니다.

2100 ─ 2200 ─ 2300 ─ 2400 ─ 2500 ─ 2600 ─ 2700 ─
2800 ─ 2900

- 10씩 뛰어 세기 ──▶ 십의 자리 숫자가 1씩 커집니다.

3110 ─ 3120 ─ 3130 ─ 3140 ─ 3150 ─ 3160 ─ 3170 ─
3180 ─ 3190

- 1씩 뛰어 세기 ──▶ 일의 자리 숫자가 1씩 커집니다.

4321 ─ 4322 ─ 4323 ─ 4324 ─ 4325 ─ 4326 ─ 4327 ─
4328 ─ 4329

어느 수가 더 클까요

- 네 자리 수의 크기를 비교할 때에는 천의 자리, 백의 자리, 십의 자리, 일의 자리의 순서대로 비교합니다.

	천의 자리	백의 자리	십의 자리	일의 자리
2345 →	2	3	4	5
2335 →	2	3	3	5

2345는 2335보다 큽니다. ➡ 2345 > 2335

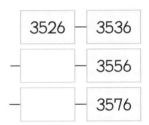

바로바로 체크

1 □ 안에 알맞은 수를 써넣으세요.

(1) 900보다 100만큼 더 큰 수는 [ ] 입니다.

(2) 1000이 4개이면 [ ] 입니다.

2 뛰어 세어 빈칸에 알맞은 수를 써넣으세요.

3526	─	3536
─	─	3556
─	─	3576

3 두 수의 크기를 비교하여 ○ 안에 >, <를 알맞게 써넣으세요.

(1) 6935 ◯ 6988

(2) 2576 ◯ 2439

4 8406을 표시해 보세요.

천의 자리	백의 자리	십의 자리	일의 자리
8			

▶ **정답**

1. (1) 1000 (2) 4000
2. 3546, 3566
3. (1) < (2) >   4. 4, 0, 6

1 다음 중 1000이 아닌 수를 나타낸 것은 어느 것인가요? (   )

① 100이 10개인 수
② 999보다 1만큼 더 큰 수
③ 990보다 10만큼 더 큰 수
④ 900보다 100만큼 더 큰 수
⑤ 700보다 200만큼 더 큰 수

2 1000개의 방울토마토를 100개씩 바구니에 담으려고 합니다. 필요한 바구니는 모두 몇 개인가요?

(   )개

3 다음은 제인이의 지갑에 있는 돈입니다. 제인이가 1000원짜리 크레파스를 사려면 얼마가 더 필요한지 쓰세요.

(   )원

4 빈칸에 알맞은 수를 써넣어 1000을 만들어 보세요.

960

✿ 다음 차림표를 보고 물음에 답하세요. [5~6]

차림표	치즈버거	3000원	콜라	1000원
	치킨버거	4000원	오렌지주스	2000원
	불고기버거	4000원	아이스크림	3000원
	감자튀김	1000원	팥빙수	? 원

5 팥빙수를 주문하고 낸 돈이 다음과 같다면 팥빙수의 값은 얼마인가요?

(   )원

6 정현이는 5000원을 모두 사용하여 두 가지 음식을 주문하려고 합니다. 치즈버거를 시켰다면 더 주문할 수 있는 음식은 무엇인가요?

(   )

✿중요✿

7 수 모형이 나타내는 수를 쓰고 읽어 보세요.

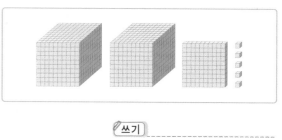

✎ 쓰기 _____

✎ 읽기 _____

8 다음 수를 쓰고 읽어 보세요.

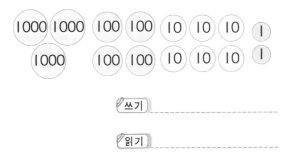

📝쓰기 _____

📝읽기 _____

서술형

9 로이는 저금을 하기 위해 은행에 가서 천 원 짜리 지폐 8장, 백 원짜리 동전 5개, 십 원 짜리 동전 2개를 냈습니다. 로이가 낸 돈은 모두 얼마인지 풀이 과정을 쓰고 답을 구하 세요.

_____

_____

( )원

✩중요✩

10 다음 수의 각 자리 숫자와 나타내는 값을 빈 칸에 써넣으세요.

9437

	천의 자리	백의 자리	십의 자리	일의 자리
숫자	9			
나타내는 값	9000		30	

11 숫자 2가 나타내는 수가 가장 큰 수는 어느 것인가요? ( )

① 2570 ② 5200
③ 5720 ④ 7502
⑤ 7520

잘 틀려요

12 수 카드 4장을 한 번씩만 사용하여 네 자리 수를 만들려고 합니다. 십의 자리 숫자가 4 인 가장 작은 수는 무엇인가요?

9 2 6 4

[ ][ ][4][ ]

13 뛰어 세어 보세요.

(1)
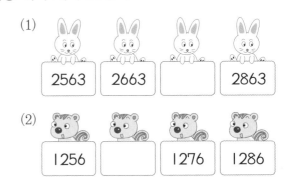

| 2563 | 2663 | | 2863 |

(2)

| 1256 | | 1276 | 1286 |

14 수 배열표의 빈 곳에 들어갈 수를 옳게 연결한 것은 어느 것인가요? (   )

3250	3260	3270	3280	3290
3350	3360	①	3380	3390
3450	②	3470	3480	③
3550	3560	④	3580	⑤

① 3340   ② 3490

③ 3460   ④ 3670

⑤ 3590

서술형

15 9월 15일 현재 한나의 저금통장에는 2590원이 들어 있습니다. 10월 15일부터 한 달에 1000원씩 계속 저금한다면 크리스마스에는 얼마가 되는지 풀이 과정을 쓰고 답을 구하세요.

_____

_____

_____

(   )원

16 더 큰 수를 말한 사람은 누구인지 이름을 쓰세요.

> 1000이 3개,
> 100이 5개,
> 10이 7개, 1이 4개인 수

> 삼천오백팔십사

무현   미란

(   )

17 두 수의 크기를 비교하여 ◯ 안에 > 또는 <를 알맞게 써넣으세요.

⑴ 2512 ◯ 2674

⑵ 3685 ◯ 3675

18 4장의 수 카드를 한 번씩만 사용하여 네 자리 수를 만들려고 합니다. 가장 큰 네 자리 수를 구하세요.

[4] [7] [2] [5]

(   )

잘 틀려요

19 8400보다 크고 9010보다 작은 수를 모두 찾아 쓰세요.

[8390] [8564] [9100] [9005]

(,   )

서술형

20 서준이네 마을 사람들은 귤을 따고 있습니다. 서준이는 4126개, 시안이는 5837개, 정연이는 5497개를 땄습니다. 귤을 가장 많이 딴 사람은 누구인지 풀이 과정을 쓰고 답을 구하세요.

_____

_____

(   )

▶ 다음은 나이별로 필요한 하루 영양 섭취량입니다. 물음에 답하세요. [❶~❸]

나이(살)	남자(칼로리)	여자(칼로리)
6~8	1600	1500
9~11	1900	1700
12~14	2400	2000
⋮	⋮	⋮

❶ 9살 여자아이인 경희에게 필요한 하루 영양 섭취량은 몇 칼로리인가요?

(   )칼로리

■ 네 자리 수 읽기
●★▲■는 ●천★백▲십■라고 읽습니다.

❷ 경희가 오늘 먹은 음식은 모두 1700칼로리라고 합니다. (   ) 안에 알맞은 수를 써넣으세요.

> 경희가 오늘 먹은 음식의 칼로리를 수 모형으로 나타내려면 천 모형이 (   )개, 백 모형이 (   )개 필요합니다.

■ 네 자리 수 알기
1000이 ●개, 100이 ★개, 10이 ▲개, 1이 ■개인 수는 ●★▲■입니다.

❸ 경희의 오빠가 오늘 하루 동안 먹은 음식은 모두 2497칼로리라고 합니다. 빈칸에 알맞은 수를 써넣으세요.

2497= [   ] +400+ [   ] +7

천의 자리	백의 자리	십의 자리	일의 자리

■ 각 자리의 숫자가 나타내는 값
네 자리 수 ●★▲■는 천의 자리가 ●, 백의 자리가 ★, 십의 자리가 ▲, 일의 자리가 ■입니다.

수학

2. 곱셈구구

❖ 2의 단 곱셈구구

2×4는 2×3보다 2만큼 더 큽니다. ➡ 2의 단 곱셈구구에서는 곱이 2씩 커집니다.

2×3=6

2×4=8

❖ 1의 단 곱셈구구

$$1×★=★$$
$$★×1=★$$

(예) $1×7=7$
$7×1=7$

❖ 0과 어떤 수의 곱

$$0×★=0$$
$$★×0=0$$

(예) $0×7=0$
$7×0=0$

❖ 곱셈의 성질

곱셈에서 곱하는 두 수의 순서를 서로 바꾸어도 곱이 같습니다.

$$●×★=★×●$$

(예) $2×7=7×2$

📎 2, 5, 3, 6의 단 곱셈구구를 알아볼까요

2의 단 곱셈구구	5의 단 곱셈구구	3의 단 곱셈구구	6의 단 곱셈구구
$2×1=2$	$5×1=5$	$3×1=3$	$6×1=6$
$2×2=4$	$5×2=10$	$3×2=6$	$6×2=12$
$2×3=6$	$5×3=15$	$3×3=9$	$6×3=18$
$2×4=8$	$5×4=20$	$3×4=12$	$6×4=24$
$2×5=10$	$5×5=25$	$3×5=15$	$6×5=30$
$2×6=12$	$5×6=30$	$3×6=18$	$6×6=36$
$2×7=14$	$5×7=35$	$3×7=21$	$6×7=42$
$2×8=16$	$5×8=40$	$3×8=24$	$6×8=48$
$2×9=18$	$5×9=45$	$3×9=27$	$6×9=54$

• 2의 단 곱셈구구에서는 곱이 2씩 커집니다.　　• 3의 단 곱셈구구에서는 곱이 3씩 커집니다.

📎 4, 8, 7, 9의 단 곱셈구구를 알아볼까요

4의 단 곱셈구구	8의 단 곱셈구구	7의 단 곱셈구구	9의 단 곱셈구구
$4×1=4$	$8×1=8$	$7×1=7$	$9×1=9$
$4×2=8$	$8×2=16$	$7×2=14$	$9×2=18$
$4×3=12$	$8×3=24$	$7×3=21$	$9×3=27$
$4×4=16$	$8×4=32$	$7×4=28$	$9×4=36$
$4×5=20$	$8×5=40$	$7×5=35$	$9×5=45$
$4×6=24$	$8×6=48$	$7×6=42$	$9×6=54$
$4×7=28$	$8×7=56$	$7×7=49$	$9×7=63$
$4×8=32$	$8×8=64$	$7×8=56$	$9×8=72$
$4×9=36$	$8×9=72$	$7×9=63$	$9×9=81$

• 4의 단 곱셈구구에서는 곱이 4씩 커집니다.　　• 7의 단 곱셈구구에서는 곱이 7씩 커집니다.

📎 1의 단 곱셈구구와 0의 곱을 알아볼까요

• 1과 어떤 수의 곱은 항상 어떤 수가 됩니다.

×	1	2	3	4	5	6	7	8	9
1	1	2	3	4	5	6	7	8	9

• 0과 어떤 수, 어떤 수와 0의 곱은 항상 0입니다.

×	1	2	3	4	5	6	7	8	9
0	0	0	0	0	0	0	0	0	0

곱셈표를 만들어 볼까요

×	0	1	2	3	4	5	6	7	8	9
0	0	0	0	0	0	0	0	0	0	0
1	0	1	2	3	4	5	6	7	8	9
2	0	2	4	6	8	10	12	14	16	18
3	0	3	6	9	12	15	18	21	24	27
4	0	4	8	12	16	20	24	28	32	36
5	0	5	10	15	20	25	30	35	40	45
6	0	6	12	18	24	30	36	42	48	㉝54
7	0	7	14	21	28	35	42	49	56	63
8	0	8	16	24	32	40	48	56	64	72
9	0	9	18	27	36	45	㉝54	63	72	81

→ 6×9=54

→ 9×6=54

- ●의 단 곱셈구구에서는 곱이 ●씩 커집니다.
  ㉘ 2의 단 곱셈구구에서는 곱이 2씩 커집니다.
- 곱셈에서 곱하는 두 수의 순서를 서로 바꾸어도 곱이 같습니다.
  ㉘ 곱셈표에서 6×9의 곱이 9×6의 곱과 같습니다.

곱셈구구를 이용하여 문제를 해결해 볼까요

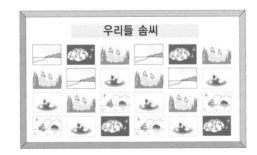

- 교실 게시판에 그림이 6개씩 4줄로 전시되어 있습니다.
  ➡ 그림의 수: 6×4=24(개)
- 사물함이 한 층에 9개씩 3층으로 놓여 있습니다.
  ➡ 사물함의 수: 9×3=27(개)

바로바로 체크

1 곱셈구구의 값을 찾아 선으로 이어 보세요.

(1) 2×7 •   • 9

(2) 3×3 •   • 14

(3) 6×3 •   • 18

2 상자 한 개의 길이는 4 cm 입니다. 상자 5개의 길이는 얼마인지 곱셈식으로 나타 내어 보세요.

4× ☐ = ☐

3 2 , 3 , 7 수 카드를 한 번씩 사용하여 ☐ 안에 알맞은 수를 써넣으세요.

9× ☐ = ☐ ☐

4 한 팀에 선수가 6명이 있습니다. 5팀이 모여서 경기를 한다면 선수는 모두 몇 명일까요?

(   )명

▶ 정답

1. (1) 14 (2) 9 (3) 18
2. 5, 20   3. 3, 2, 7
4. 30

1 □ 안에 알맞은 수를 써넣으세요.

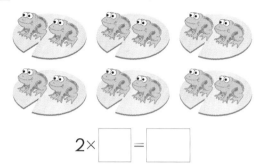

$$2 \times \boxed{} = \boxed{}$$

2 그림을 보고 알맞은 곱셈식으로 나타내어 보세요.

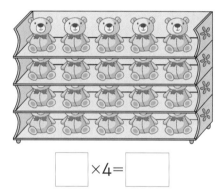

$$\boxed{} \times 4 = \boxed{}$$

3 곱셈구구의 값을 찾아 선으로 이어 보세요.

(1) 3×7 · · 27

(2) 3×5 · · 21

(3) 3×9 · · 15

4 빈칸에 알맞은 수를 써넣으세요.

×	2	4	5	6	8
6	12		30		

5 수직선을 보고 □ 안에 알맞은 수를 써넣으세요.

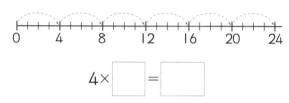

$$4 \times \boxed{} = \boxed{}$$

6 다음 문어 다리의 수를 옳게 말한 친구의 이름을 쓰세요.

8+8+8로 8을 세 번 더해서 구할 수 있어.

8×4의 곱으로 구할 수 있어.

빈우   민수

(   )

7 빈 곳에 알맞은 수를 써넣으세요.

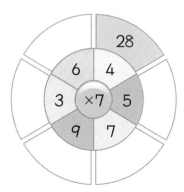

8 8의 단 곱셈구구의 값에 색칠하고 모두 몇 개인지 개수를 쓰세요.

31	42	28	54
42	14	6	65
48	24	72	64
34	63	71	81

( )개

★중요★

9 구슬이 27개 있습니다. □ 안에 공통으로 들어갈 수를 쓰세요.

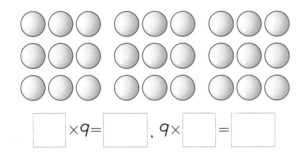

$$\boxed{} \times 9 = \boxed{} \ , \ 9 \times \boxed{} = \boxed{}$$

서술형

10 성호는 하루에 7마리씩 9일 동안 종이학을 접었습니다. 모두 몇 마리를 접었는지 풀이 과정을 쓰고 답을 구하세요.

_____

_____

_____

( )마리

11 주사위를 굴려서 나온 주사위 눈의 횟수를 나타낸 표입니다. 주사위 눈의 수의 전체 합을 구하세요.

주사위의 눈	1	2	3	4	5	6
나온 횟수(번)	1	0	0	1	0	1

( )

12 7의 단 곱셈구구의 값을 찾아 이어 보세요.

출발 →

7	10	13	31
14	18	22	63	→ 도착
21	28	20	56
16	35	42	49

13 다음 곱셈표에서 곱이 <u>다른</u> 칸의 번호를 쓰세요.

×	3	4	5	6	7	8
3						①
4				②		
5						
6		③			④	
7						
8	⑤					

( )

14 4장의 수 카드 중에서 2장을 뽑아 곱셈을 할 때, 두 수의 곱이 가장 큰 곱을 구하세요.

8 1 9 5

(   )

15 곱셈표에서 곱이 40보다 크고 60보다 작은 곳에 색칠을 하세요.

×	5	6	7	8
5				
6				
7				
8				

잘 틀려요

16 곱셈구구를 이용하여 모형의 수를 계산하려고 합니다. 방법 1과 다른 2가지 방법을 쓰세요.

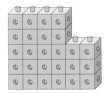

방법 1	6×5에서 2×2를 뺍니다.
방법 2	
방법 3	

17 □ 안에 들어갈 수 있는 수는 모두 몇 개인지 쓰세요.

3×7< □ <4×6

(   )개

18 어머니께서는 과일 가게에서 배 4상자와 사과 6상자를 주문하셨습니다. 어머니께서 주문하신 과일은 모두 몇 개인가요?

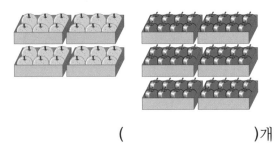

(   )개

중요

19 한 상자에 도시락이 4개씩 들어 있습니다. 도시락이 모두 36개 필요하다면 몇 상자가 있어야 하는지 구하세요.

(   )상자

서술형

20 수족관에 고등어 3마리와 문어 4마리가 들어 있습니다. 이 동물들의 다리는 모두 몇 개인지 풀이 과정을 쓰고 답을 구하세요.

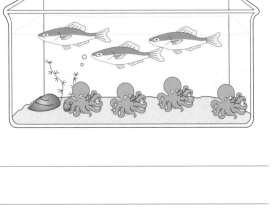

_____

_____

_____

(   )개

▶ 재윤이네 반에서는 태권무를 3명이 1조가 되어 공연을 하기로 했습니다. 물음에 답하세요. [**1**~**4**]

1 태권무 1개 조는 몇 명으로 이루어져 있을까요?

$$3×1= \boxed{} \text{명}$$

▪ 1의 단 곱셈구구
1과 어떤 수의 곱은 항상 어떤 수가 됩니다.

2 태권무 4개 조는 몇 명으로 이루어져 있을까요?

$$3×4= \boxed{} \text{명}$$

▪ 곱셈구구
●×★은 ●를 ★번 더한 것과 같습니다.

3 태권무 5개 조는 몇 명으로 이루어져 있을까요?

$$3×5= \boxed{} \text{명}$$

4 태권무 5개 조는 태권무 4개 조보다 몇 명이 더 많을까요?

$$3×5\text{는 } 3×4\text{보다} \boxed{} \text{명이 더 많습니다.}$$

▪ ●의 단 곱셈구구
●의 단 곱셈구구에서는 곱하는 수가 1씩 커지면 그 곱은 ●씩 커집니다.

3. 길이 재기

❖ 길이를 여러 가지 방법으로 나타내어 보기

• 1 m=100 cm
• 5 m 20 cm=520 cm
• 789 cm=7 m 89 cm

❖ 줄자를 사용하는 방법

• 1 m보다 긴 물건의 길이를 잴 때에는 줄자를 사용하는 것이 편리합니다.
• 물건의 한끝을 줄자의 눈금 0에 맞추어 길이를 재어야 정확한 길이를 잴 수 있습니다.

❖ 길이의 합을 구하는 방법

1 m 20 cm+2 m 50 cm
=(1 m+2 m)
　+(20 cm+50 cm)
=3 m 70 cm

❖ 길이의 차를 구하는 방법

3 m 45 cm−2 m 10 cm
=(3 m−2 m)
　+(45 cm−10 cm)
=1 m 35 cm

❖ 몸의 일부를 이용하여 길이 어림하기

• 한 뼘의 길이
• 발의 길이
• 한 걸음의 길이
• 양팔을 벌린 길이

✎ cm보다 더 큰 단위를 알아볼까요 ──→ m 단위는 cm 단위보다 길이가 긴 물체의 길이를 잴 때 편리합니다.

• 100 cm는 1 m와 같습니다.
• 1 m는 1 미터라고 읽습니다.

> 100 cm=1 m=1 미터

• 120 cm는 1 m보다 20 cm 더 깁니다.
　120 cm를 1 m 20 cm라고도 씁니다.
　1 m 20 cm를 1 미터 20 센티미터라고 읽습니다.

> 120 cm=1 m 20 cm=1 미터 20 센티미터

✎ 자로 길이를 재어 볼까요 ──→ 자의 눈금을 0에 맞추지 않으면 정확한 물체의 길이를 잴 수 없습니다.

• 책상의 한끝을 줄자의 눈금 0에 맞춥니다.
• 책상의 다른 쪽 끝에 있는 줄자의 눈금을 읽습니다.
　눈금이 140이므로 책상의 길이는 1 m 40 cm입니다.

✎ 길이의 합을 구해 볼까요 ──→ m는 m끼리, cm는 cm끼리 더하면 됩니다.

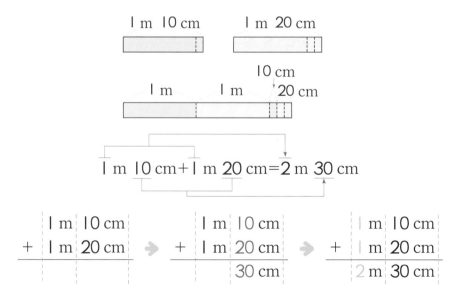

길이의 차를 구해 볼까요 —— • m는 m끼리, cm는 cm끼리 빼면 됩니다.

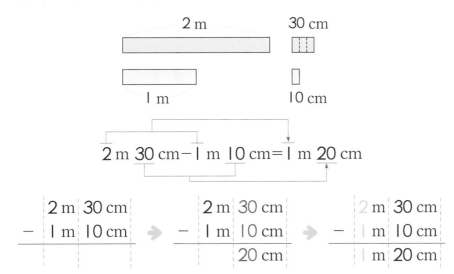

2 m 30 cm − 1 m 10 cm = 1 m 20 cm

길이를 어림해 볼까요 (1)

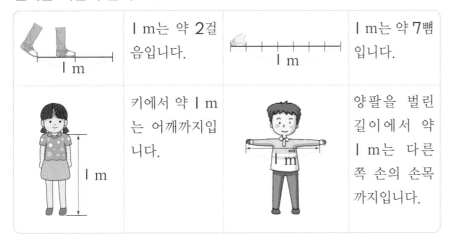

1 m	1 m는 약 2걸음입니다.
1 m	1 m는 약 7뼘입니다.
1 m (키)	키에서 약 1 m는 어깨까지입니다.
1 m (양팔)	양팔을 벌린 길이에서 약 1 m는 다른 쪽 손의 손목까지입니다.

길이를 어림해 볼까요 (2)

• 축구 골대의 길이 어림하기

[방법 1]
한 걸음이 50 cm이므로 10걸음은 약 5 m로 어림합니다.

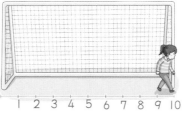

[방법 2]
양팔을 벌린 길이가 130 cm이므로 4명이 늘어서면 약 5 m로 어림합니다.

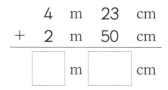
1 ☐ 안에 알맞은 수를 써넣으세요.

(1) 100 cm = ☐ m

(2) 235 cm
= ☐ m ☐ cm

(3) 6 m 24 cm
= ☐ cm

2 길이의 합을 구해 보세요.

```
    4  m  23  cm
+   2  m  50  cm
─────────────────
    ☐ m  ☐ cm
```

3 길이의 차를 구해 보세요.

```
    3  m  69  cm
−   1  m  45  cm
─────────────────
    ☐ m  ☐ cm
```

4 다음에서 알맞은 길이를 골라 문장을 완성해 보세요.

| 2 m, 20 cm, 125 cm |

내 발의 길이는 약 ☐

입니다.

● 정답

1. (1) 1 (2) 2, 35 (3) 624
2. 6, 73   3. 2, 24
4. 20 cm

수학 **61**

1 길이를 바르게 쓰고 읽어 보세요.

> 1 m 20 cm

✎쓰기

✎읽기 _____

2 다음 중 옳은 것의 기호를 쓰세요.

> ㉠ 101 cm=1 m 10 cm
> ㉡ 2 m 30 cm=203 cm
> ㉢ 365 cm=3 m 65 cm

( )

3 길이의 단위를 바르게 사용한 것은 어느 것인가요? ( )

① 나의 키는 약 140 cm입니다.
② 한 뼘의 길이는 약 15 m입니다.
③ 색연필의 길이는 약 18 m입니다.
④ 교실 문의 높이는 약 210 m입니다.
⑤ 학교 운동장 긴 쪽의 길이는 약 70 cm 입니다.

4 민지네 옷장의 높이는 230 cm입니다. 옷장의 높이는 몇 m 몇 cm인가요?

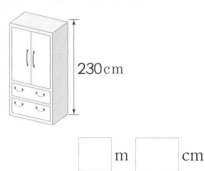

230 cm

☐ m ☐ cm

✿ 다음은 동만이와 애라가 줄자로 책상의 길이를 재는 모습입니다. 물음에 답하세요. [5~6]

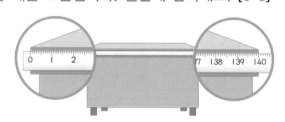

5 줄자로 책상의 길이를 잰 결과를 ☐ 안에 써넣으세요.

☐ m ☐ cm

✿중요✿   서술형

6 이번에는 애라가 줄자를 잡고, 동만이가 길이를 재었더니 책상의 길이가 145 cm가 되었습니다. 그 까닭을 설명하세요.

책상의 길이가 다른 까닭은 무엇일까?   ?

동만   애라

_____

_____

7 다음 그림을 보고 □ 안에 알맞은 수를 써넣으세요.

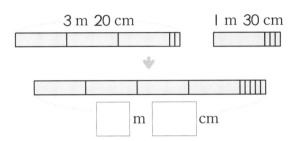

□ m □ cm

10 가장 큰 키와 가장 작은 키의 합을 구해 보세요.

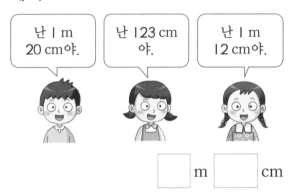

난 1 m 20 cm야.

난 123 cm야.

난 1 m 12 cm야.

□ m □ cm

 중요

8 길이의 합을 구해 보세요.

(1)
```
    5  m   34  cm
 +  2  m   40  cm
 ─────────────────
    □  m   □  cm
```

(2) 3 m 25 cm+6 m 74 cm

= □ m □ cm

잘 틀려요

11 집에서 병원을 지나 놀이터까지 가는 거리는 얼마인가요?

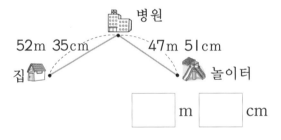

52 m 35 cm   47 m 51 cm
집   놀이터

□ m □ cm

12 길이의 차를 구해 보세요.

(1)
```
    7  m   80  cm
 -  3  m   44  cm
 ─────────────────
    □  m   □  cm
```

(2) 9 m 75 cm−4 m 36 cm

= □ m □ cm

9 빈칸에 알맞은 길이를 써넣으세요.

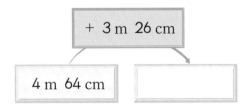

+ 3 m 26 cm

4 m 64 cm

13 긴 테이프와 짧은 테이프의 길이의 차를 구해 보세요.

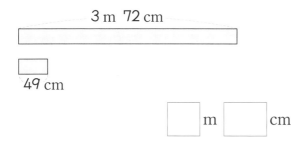

3 m 72 cm

49 cm

☐ m ☐ cm

14 윤선이의 줄넘기는 정현이의 줄넘기보다 15 cm 더 짧습니다. 윤선이의 줄넘기의 길이가 1 m 43 cm일 때 정현이의 줄넘기의 길이를 구해 보세요.

☐ m ☐ cm

15 두 사람이 각자 어림하여 색 테이프를 잘랐습니다. 자른 색 테이프의 길이가 2 m 40 cm에 더 가까운 친구의 이름을 쓰세요.

이름	어림하여 자른 색 테이프의 길이
연수	2 m 20 cm
보연	2 m 55 cm

( )

잘 틀려요

16 그림을 보고 길이를 구하세요.

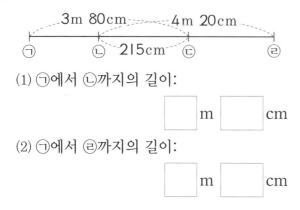

3m 80cm · 4m 20cm
㉠ ㉡ 215cm ㉢ ㉣

(1) ㉠에서 ㉡까지의 길이:

☐ m ☐ cm

(2) ㉠에서 ㉣까지의 길이:

☐ m ☐ cm

17 칠판의 길이를 잴 때 더 여러 번 재어야 하는 방법은 어느 것인지 기호를 쓰세요.

㉠ ㉡

( )

18 진오의 두 걸음이 1 m라면, 진오의 방 길이는 약 몇 m인가요?

내 방의 길이는 내 걸음으로 약 6걸음이야.

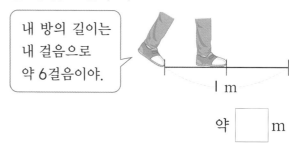

1 m

약 ☐ m

19 4층 건물의 높이에 가장 가까운 길이는 어느 것인가요? ( )

① 1 m ② 2 m ③ 5 m
④ 10 m ⑤ 20 m

서술형

20 운동장에서 10 m 길이를 어림하고 걸어 보았습니다. 10 m에 더 가까운 친구의 이름을 쓰고, 그 까닭을 설명하세요. (단, 민국이와 한국이의 한 걸음은 50 cm입니다.)

민국	한국
22걸음	16걸음

(1) 10 m에 더 가까운 친구의 이름:

( )

(2) 까닭: _____

_____

▶ 다음 글을 읽고 물음에 답하세요. [**1**~**2**]

　왼쪽의 경천사지 십층 석탑은 고려시대에 만들어진 것이고, 오른쪽의 원각사지 십층 석탑은 조선시대에 만들어진 것입니다. 두 탑의 모양이 비슷하지요?
　이 두 탑을 모형으로 만들어 놓은 곳이 있다고 합니다. 경천사지 십층 석탑 모형의 높이는 2 m 35 cm이고, 원각사지 십층 석탑 모형의 높이는 1 m 20 cm입니다.

1 두 모형의 높이의 합을 구하려고 합니다. 빈칸에 알맞은 수를 써넣으세요.

(1) cm끼리 더하면 35 cm+20 cm=□ cm입니다.

(2) m끼리 더하면 2 m+1 m=□ m입니다.

(3) 2 m 35 cm+1 m 20 cm=□ m □ cm

(4) 두 모형의 높이의 합은 □ m □ cm입니다.

■ 길이의 합 구하기
• m는 m끼리, cm는 cm끼리 더합니다.
• 먼저 cm끼리 더하고, 나중에 m끼리 더합니다.

2 두 모형의 높이의 차를 구하려고 합니다. 빈칸에 알맞은 수를 써넣으세요.

(1) cm끼리 빼면 35 cm−20 cm=□ cm입니다.

(2) m끼리 빼면 2 m−1 m=□ m입니다.

(3) 2 m 35 cm−1 m 20 cm=□ m □ cm

(4) 두 모형의 높이의 차는 □ m □ cm입니다.

■ 길이의 차 구하기
• m는 m끼리, cm는 cm끼리 뺍니다.
• 먼저 cm끼리 빼고, 나중에 m끼리 뺍니다.

수 학

❖ 긴바늘이 가리키는 수와 분 사이의 관계

긴바늘이 가리키는 수	분	긴바늘이 가리키는 수	분
1	5	7	35
2	10	8	40
3	15	9	45
4	20	10	50
5	25	11	55
6	30	12	60

❖ 두 가지 방법으로 시각 읽기

5시 45분 ➡ 6시 15분 전

❖ 1시간 45분, 80분 계산하기

• 1시간 45분=60분+45분
          =105분
• 80분=60분+20분
     =1시간 20분

❖ 각 달의 날수를 쉽게 알 수 있는 방법

월	날수	월	날수	월	날수
1	31	5	31	9	30
2	28/29	6	30	10	31
3	31	7	31	11	30
4	30	8	31	12	31

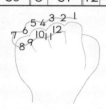

둘째 손가락부터 시작하여 위로 솟은 것은 큰 달(31일), 안으로 들어간 것은 작은 달(30일 또는 28일)이 됩니다.

❦ **몇 시 몇 분을 알아볼까요 (1)**

• 시계의 긴바늘이 가리키는 수가 1이면 5분, 2이면 10분, 3이면 15분……, 9이면 45분, 10이면 50분, 11이면 55분을 나타냅니다.

• 짧은바늘이 6과 7 사이를 가리키고, 긴바늘이 숫자 1을 가리키므로 6시 5분이라고 읽습니다.

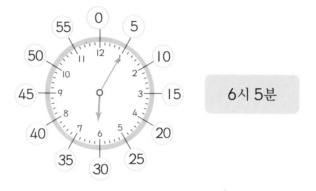

6시 5분

❦ **몇 시 몇 분을 알아볼까요 (2)**

• 시계에서 긴바늘이 가리키는 작은 눈금 한 칸은 1분을 나타냅니다.
• 다음 시계가 가리키는 시각은 5시 7분입니다.

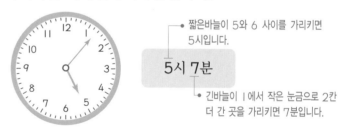

• 짧은바늘이 5와 6 사이를 가리키면 5시입니다.

5시 7분

• 긴바늘이 1에서 작은 눈금으로 2칸 더 간 곳을 가리키면 7분입니다.

❦ **여러 가지 방법으로 시각을 읽어 볼까요**

• 다음 시계가 가리키는 시각은 7시 50분입니다.

• 7시 50분은 8시가 되려면 10분이 더 지나야 합니다.
• 7시 50분은 8시가 되려면 10분이 더 지나야 하므로 8시 10분 전이라고도 합니다. —— 55분은 5분 전, 50분은 10분 전, 45분은 15분 전과 같습니다.

7시 50분 ➡ 8시 10분 전

1시간을 알아볼까요

- 시계의 짧은바늘이 3에서 4로 움직이는 데 걸린 시간은 **1시간**입니다.
- 시계의 긴바늘이 한 바퀴 도는 데 걸리는 시간은 **60분**입니다.
- 1시간은 60분입니다.

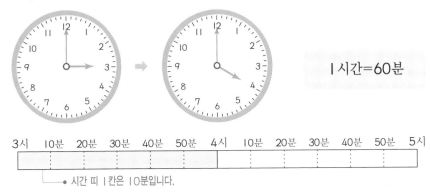

1시간=60분

| 3시 | 10분 | 20분 | 30분 | 40분 | 50분 | 4시 | 10분 | 20분 | 30분 | 40분 | 50분 | 5시 |

└• 시간 띠 1칸은 10분입니다.

하루의 시간을 알아볼까요

- 하루는 24시간입니다.   **1일=24시간**

- **오전**: 전날 밤 12시부터 낮 12시까지를 오전이라고 합니다.

- **오후**: 낮 12시부터 밤 12시까지를 오후라고 합니다.

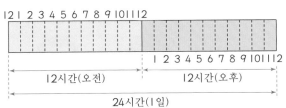

12시간(오전)   12시간(오후)

24시간(1일)

달력을 알아볼까요

• 같은 요일이 7일마다 반복됩니다.

- 1주일은 7일입니다.   **1주일=7일**

• 같은 요일이 돌아오는 데 걸리는 기간을 1주일이라고 합니다.

- 1년은 12개월입니다.   **1년=12개월**

월	1	2	3	4	5	6	7	8	9	10	11	12
날수 (일)	31	28 (29)	31	30	31	30	31	31	30	31	30	31

수
학

바로바로 체크

1 시계가 나타내는 시각을 써 보세요.

☐ 시 ☐ 분

2 ☐ 안에 알맞은 수를 써넣으세요.

(1) 5시 ☐ 분은 6시 5분 전입니다.

(2) 100분
= ☐ 시간 ☐ 분

(3) 2시간 10분
= ☐ 분

3 다음 달력에서 금요일에 있는 수는 몇씩 커지는 규칙이 있나요?

일	월	화	수	목	금	토
			1	2	3	4
5	6	7	8	9	10	11
12	13	14	15	16	17	18
19	20	21	22	23	24	25
26	27	28	29	30	31	

(   )

정답

1. 1, 35   2. (1) 55

(2) 1, 40   (3) 130   3. 7

1 다음 시계에서 45분을 나타내는 수는 무엇인지 쓰세요.

(   )

2 시계를 보고 □ 안에 알맞은 수를 써넣으세요.

짧은바늘은 □ 와 □ 사이에 있고, 긴

바늘은 □ 을 가리키고 있으므로 시계가

나타내는 시각은 □ 시 □ 분입니다.

3 시각을 써 보세요.

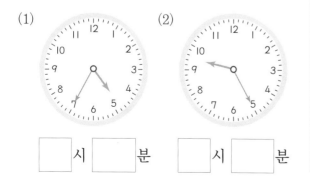

(1)   (2)

□ 시 □ 분   □ 시 □ 분

4 다음은 거울에 비친 시계의 모습입니다. 시계가 나타내는 시각은 몇 시 몇 분인지 쓰세요.

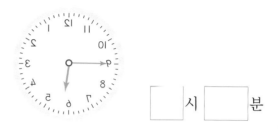

□ 시 □ 분

5 시각에 맞게 긴바늘을 그려 넣으세요.

🌟중요

6 상민이와 민선이가 본 시계의 시각을 써 보세요.

긴바늘은 1에서 작은 눈금 3칸을 더 간 곳에 있어.

짧은바늘은 5와 6 사이를 가리키고 있어.

상민   민선

□ 시 □ 분

7 다음 시계가 나타내는 시각은 몇 시 몇 분 전인지 쓰세요.

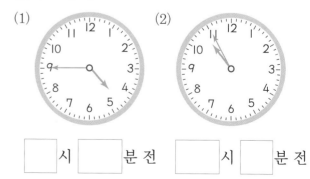

(1)   (2)

□ 시 □ 분 전   □ 시 □ 분 전

수
학

8 다음 대화를 읽고 더 늦게 도착한 사람의 이름을 쓰세요.

내가 도착해 보니 저녁 6시 15분 전 이었어.

난 저녁 5시 50분에 도착했어.

정훈   은서

(   )

9 □ 안에 알맞은 수를 써넣으세요.

(1) 90분= ☐ 시간 ☐ 분

(2) 1시간 25분= ☐ 분

잘 틀려요

10 어떤 초등학교의 3교시가 시작한 시각과 끝난 시긱은 다음과 같습니다. 3교시는 몇 분 동안인지 시간 띠에 나타내어 구해 보세요.

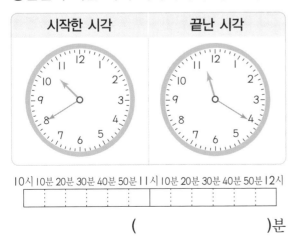

시작한 시각	끝난 시각

10시 10분 20분 30분 40분 50분 11시 10분 20분 30분 40분 50분 12시

(   )분

11 정우가 공부를 시작한 시각과 끝낸 시각입니다. 더 많은 시간 동안 공부한 과목은 무엇인지 쓰세요.

	시작한 시각	끝낸 시각
국어 공부	1시 20분	2시 15분
수학 공부	2시 30분	3시 10분

(   )

★중요★

12 다음은 재경이가 책 읽기를 시작한 시각과 끝낸 시각입니다. 재경이가 책을 읽는 데 걸린 시간은 몇 분인지 쓰세요.

시작한 시각   끝낸 시각

(   )분

서술형

13 선미는 1시간 20분 동안 마술 공연을 보았습니다. 마술 공연이 끝난 시각이 6시 40분이라면 마술 공연이 시작된 시각은 몇 시 몇 분인지 풀이 과정을 쓰고 답을 구하세요.

_____

_____

_____

☐ 시 ☐ 분

14 □ 안에 알맞은 수를 써넣으세요.

(1) 2일 6시간= ☐ 시간

(2) 60시간= ☐ 일 ☐ 시간

15 수현이가 학교에 있었던 시간을 시간 띠에 나타내어 구해 보세요.

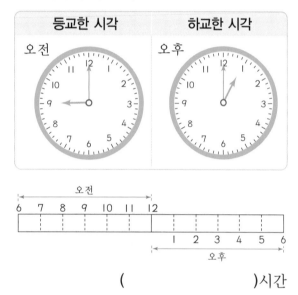

등교한 시각	하교한 시각
오전	오후

오전
6 7 8 9 10 11 12

1 2 3 4 5 6
오후

( )시간

✿ 하루 생활 계획표를 보고 물음에 답하세요.
[16~17]

시간	할 일
7:00~8:00	아침 식사
8:00~9:00	등교
9:00~2:00	학교 수업
2:00~4:00	태권도 학원
⋮	⋮

16 알맞은 말에 ○표 하세요.

태권도 학원에 가는 일은 (오전 , 오후)에 하는 활동입니다.

17 학교 수업을 시작한 시각부터 태권도 학원을 마친 시각까지는 몇 시간이 걸렸는지 구해 보세요.

( )시간

✿ 어느 해의 11월 달력입니다. 달력을 보고 물음에 답하세요. [18~19]

일	월	화	수	목	금	토
		1	2	3	4	5
6	7	8	9	10	11	12
13	14	15	16	17	18	19
20	21	22	23	24	25	26
27	28	29	30			

18 11월에는 화요일이 몇 번 있는지 쓰세요.

( )번

잘 틀려요

19 11월 23일에서 3주일 후가 호연이의 생일입니다. 호연이의 생일은 언제인지 쓰세요.

☐ 월 ☐ 일

서술형

20 어떤 발레단이 '백조의 호수' 공연을 7월 20일부터 8월 15일까지 한다고 합니다. 공연을 하는 기간은 며칠인지 풀이 과정을 쓰고 답을 구하세요.

_____

_____

_____

( )일

1 다음 이야기를 읽고 앨리스가 경기를 본 시간은 얼마인지 구하세요.

앨리스는 길을 가다가 이상한 나라 왕국의 크로케 경기를 보기 위해 크로케 경기장 안으로 들어갔습니다. 앨리스는 여태껏 이렇게 이상한 크로케 경기는 한 번도 본적이 없었습니다. 크로케 공은 살아 있는 고슴도치였고, 방망이는 살아 있는 홍학이었으며 병정들이 몸을 굽혀 손과 발로 땅을 짚고 아치형의 골대가 되었습니다. 그 모습이 너무 우스꽝스럽고 재미있어 앨리스는 시간 가는 줄 모르고 경기를 보았습니다. 크로케 경기가 끝나고 시계를 보니 어느덧 시각은 4시 40분이 되었습니다. "밤이 되기 전에 집으로 돌아가야 하는데!" 앨리스가 소리쳤습니다.

시작한 시각　　　　　끝난 시각

(1) 앨리스가 경기를 보기 시작한 시각은 ▢ 시 ▢ 분입니다.

(2) 경기가 끝난 시각은 ▢ 시 ▢ 분입니다.

(3) 앨리스가 경기를 본 시간은 ▢ 분입니다.

(4) 앨리스가 경기를 본 시간은 ▢ 시간 ▢ 분입니다.

■ 시간 구하기

• 시작한 시각과 끝난 시각을 정확하게 읽고, 걸린 시간을 구합니다.

• 짧은바늘이 어떤 수와 어떤 수 사이를 가리키는지 알아본 후, 긴바늘이 어떤 수를 가리키는지 알아봅니다.

• 시작한 시각과 끝난 시각을 시간 띠에 표시하면 걸린 시간을 쉽게 구할 수 있습니다.

수학

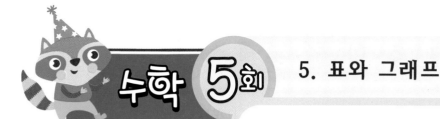

5. 표와 그래프

❖ 자료를 조사하여 표로 나타내는 방법

① 주사위를 굴려 나온 눈의 수를 ∭ 등과 같은 방법으로 표시를 한 후 각 칸에 숫자를 씁니다.

② 나온 횟수를 더하여 합계에 수를 쓰고, 조사한 학생 수와 조사한 횟수가 같은지 확인합니다.

❖ 표로 나타내면 편리한 점

조사한 자료의 전체 개수와 종류별 개수를 쉽게 알 수 있습니다.

❖ 그래프로 나타내는 방법

① 가로에는 조사한 종류를 적습니다. 예 과일

② 세로에는 조사한 수를 적습니다. 예 학생 수

③ ○, ×, / 등의 표시를 이용하여 아래에서 위로 한 칸에 하나씩 그려 넣습니다.

④ 그래프의 높이가 가장 높은 것과 가장 낮은 것을 한눈에 쉽게 알 수 있습니다.

❖ 그래프로 나타내면 편리한 점

종류별로 많고 적음을 비교하기 쉽고, 가장 많은 것과 가장 적은 것을 한눈에 알 수 있습니다.

🌀 자료를 보고 표로 나타내어 볼까요

• 미나네 반 학생들이 좋아하는 음식을 조사한 자료를 보고 표로 나타낸 것입니다.

〈미나네 반 학생들이 좋아하는 음식〉

〈미나네 반 학생들이 좋아하는 음식별 학생 수〉

음식	케이크	치킨	떡볶이	김밥	합계
학생 수(명)	2	3	4	1	10

전체 학생 수를 알 수 있습니다.

🌀 자료를 조사하여 표로 나타내어 볼까요

• 주사위를 10번 던져서 나온 눈의 횟수를 표로 나타낸 것입니다.

〈주사위를 던져서 나온 눈의 횟수〉

눈	·	··	∴	∷	⁙	⁙⁙	합계
횟수(번)	2	3	0	1	2	2	10

🌀 그래프로 나타내어 볼까요

• 현수네 반 학생들이 좋아하는 과일을 조사하여 나타낸 표를 그래프로 나타낸 것입니다.

〈현수네 반 학생들이 좋아하는 과일별 학생 수〉

과일	포도	사과	복숭아	바나나	합계
학생 수(명)	3	4	2	3	12

〈현수네 반 학생들이 좋아하는 과일별 학생 수〉

4		○		
3	○	○		○
2	○	○	○	○
1	○	○	○	○
학생 수(명) / 과일	포도	사과	복숭아	바나나

가장 많은(적은) 학생들이 좋아하는 과일을 한눈에 알 수 있습니다.

🍃 표와 그래프의 내용을 알아볼까요

- 표를 보고 내용 알기: 조사한 자료의 종류별 수와 전체 수를 알아보기 편리합니다.

  예 음식별 좋아하는 학생 수를 한눈에 알아보기 쉽고, 전체 학생 수를 쉽게 알 수 있습니다.

- 그래프를 보고 내용 알기: 가장 많은 것과 가장 적은 것 등 조사한 내용을 한눈에 알아보기 편리합니다.

  예 사과를 좋아하는 학생이 가장 많고 복숭아를 좋아하는 학생이 가장 적은 것을 한눈에 알 수 있습니다.

🍃 표와 그래프로 나타내어 볼까요

- 현정이네 반 학생들이 좋아하는 계절을 조사하여 표로 나타낸 것입니다.

〈현정이네 반 학생들이 좋아하는 계절별 학생 수〉

계절	봄	여름	가을	겨울	합계
학생 수(명)	3	6	4	2	15

- 현정이네 반 학생들이 좋아하는 계절을 조사하여 그래프로 나타낸 것입니다.

〈현정이네 반 학생들이 좋아하는 계절별 학생 수〉

6		○		
5		○		
4		○	○	
3	○	○	○	
2	○	○	○	○
1	○	○	○	○
학생 수(명) / 계절	봄	여름	가을	겨울

- 표를 보고 알 수 있는 내용

  - 현정이네 반 학생 15명을 조사하였습니다.
  - 여름을 좋아하는 학생은 6명입니다.

- 그래프를 보고 알 수 있는 내용

  - 가장 많은 학생들이 좋아하는 계절은 여름입니다.
  - 가장 적은 학생들이 좋아하는 계절은 겨울입니다.

---

1 문주네 반 친구들이 좋아하는 운동을 조사하였습니다. 자료를 보고 표로 나타내어 보세요.

〈문주네 반 친구들이 좋아하는 운동〉

이름	운동	이름	운동
미현	수영	다나	수영
종수	농구	건호	야구
태희	수영	민서	농구
남영	농구	서준	수영

〈문주네 반 친구들이 좋아하는 운동별 학생 수〉

운동	수영	농구	야구	합계
학생 수(명)				

2 찬호네 반 학생들이 좋아하는 과일을 조사하여 나타낸 표입니다. ○를 이용하여 그래프로 나타내어 보세요.

〈찬호네 반 학생들이 좋아하는 과일별 학생 수〉

과일	귤	포도	사과	배	합계
학생 수(명)	4	3	5	3	15

〈찬호네 반 학생들이 좋아하는 과일별 학생 수〉

5				
4				
3				
2				
1				
학생 수(명) / 과일	귤	포도	사과	배

🔵 정답

1. 4, 3, 1, 8
2. 귤에 4개, 포도에 3개, 사과에 5개, 배에 3개씩 ○표

✿가인이네 반 학생들이 좋아하는 음료수를 조사하였습니다. 물음에 답하세요. [1~4]

〈가인이네 반 학생들이 좋아하는 음료수〉

가인	민재	승혁	재경
나영	보라	리나	제인
시윤	서현	아라	준형
무현	설현	은서	호야

1 은서가 좋아하는 음료수는 무엇인가요?

(   )

2 콜라를 좋아하는 학생의 이름을 모두 써 보세요.

(   )

잘 틀려요

3 자료를 보고 표로 나타내어 보세요.

〈가인이네 반 학생들이 좋아하는 음료수별 학생 수〉

음료수	우유	코코아	주스	콜라	합계
학생 수 (명)					

4 가인이네 반 학생은 모두 몇 명인가요?

(   )명

✿승혁이네 반 학생들이 가 보고 싶은 나라를 조사하였습니다. 물음에 답하세요. [5~7]

〈승혁이네 반 학생들이 가 보고 싶은 나라〉

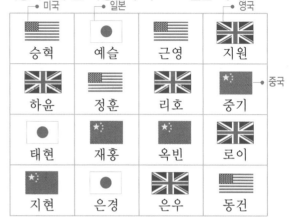

승혁	예슬	근영	지원
하윤	정훈	리호	중기
태현	재홍	옥빈	로이
지현	은경	은우	동건

5 자료를 보고 표로 나타내어 보세요.

〈승혁이네 반 학생들이 가 보고 싶은 나라별 학생 수〉

나라	영국	미국	일본	중국	합계
학생 수 (명)					

6 자료를 보고 ○를 이용하여 그래프로 나타내어 보세요.

〈승혁이네 반 학생들이 가 보고 싶은 나라별 학생 수〉

5				
4				
3				
2				
1				
학생 수(명) / 나라	영국	미국	일본	중국

7 위 6번 그래프의 가로에 나타낸 것은 무엇인가요?

(   )

✿윤석이네 반 학생들이 좋아하는 꽃을 조사하여 표로 나타내었습니다. 물음에 답하세요. [8~11]

〈윤석이네 반 학생들이 좋아하는 꽃별 학생 수〉

꽃	장미꽃	개나리꽃	벚꽃	붓꽃	합계
학생 수(명)	4	5	6	3	

8 윤석이네 반 학생은 모두 몇 명인가요?

( )명

잘 틀려요

9 위 표를 보고 ✕를 이용하여 그래프로 나타내어 보세요.

〈윤석이네 반 학생들이 좋아하는 꽃별 학생 수〉

붓꽃						
벚꽃						
개나리꽃						
장미꽃						
꽃 \ 학생 수(명)	1	2	3	4	5	6

10 위 9번 그래프의 가로에 나타낸 것은 무엇인가요?

( )

서술형

11 위 9번 위 그래프를 보고 알 수 있는 내용을 두 가지 써 보세요.

1	
2	

✿재경이네 반 학생들이 좋아하는 색깔을 조사하여 표로 나타내었습니다. 물음에 답하세요.

[12~14]

〈재경이네 반 학생들이 좋아하는 색깔별 학생 수〉

색깔	노랑	파랑	빨강	분홍	합계
학생 수(명)	3	5	8	4	

12 파랑을 좋아하는 학생은 몇 명인가요?

( )명

13 가장 많은 학생들이 좋아하는 색깔과 가장 적은 학생들이 좋아하는 색깔의 학생 수를 더하면 몇 명인가요?

( )명

중요

서술형

14 위 표를 보고 그래프로 나타내려고 합니다. 그래프를 완성할 수 없는 까닭을 써 보세요.

〈재경이네 반 학생들이 좋아하는 색깔별 학생 수〉

5				
4				
3				
2				
1	○			
학생 수(명) \ 색깔	노랑	파랑	빨강	분홍

수 학

✿지원이네 반 학생들은 연주회를 하기로 했습니다. 다음은 연주하고 싶은 악기를 조사한 것입니다. 물음에 답하세요. [15~18]

〈지원이네 반 학생들이 연주하고 싶은 악기〉

이름	악기	이름	악기	이름	악기
지원	피아노	창욱	리코더	은아	피아노
하윤	바이올린	지현	피아노	성욱	바이올린
태현	리코더	준호	리코더	설리	실로폰
진구	실로폰	준형	리코더	리나	바이올린

15 자료를 보고 표로 나타내어 보세요.

〈지원이네 반 학생들이 연주하고 싶은 악기〉

악기	피아노	바이올린	리코더	실로폰	합계
학생 수(명)					

16 자료를 보고 /를 이용하여 그래프로 나타내어 보세요.

〈지원이네 반 학생들이 연주하고 싶은 악기별 학생 수〉

4				
3				
2				
1				
학생 수(명) / 악기	피아노	바이올린	리코더	실로폰

☆중요☆
17 자료와 표 중 준호가 연주하고 싶은 악기를 알아보기에 편리한 것은 어느 것인가요?

( )

☆중요☆
18 표와 그래프 중 가장 많은 학생들이 연주하고 싶은 악기는 무엇인지를 알아보기에 편리한 것은 어느 것인가요?

( )

19 주사위 2개를 동시에 5번 굴려서 나온 눈의 결과입니다. 자료를 보고 표로 나타내어 보세요.

〈주사위 굴리기 결과〉

1회	2회	3회	4회	5회

⬇

눈의 차	0	1	2	3	4	5	합계
횟수 (번)							

20 달력을 보고 빨간색으로 표시된 공휴일의 수를 조사하여 그래프로 나타내어 보세요.

9월

일	월	화	수	목	금	토
						1
2	3	4	5	6	7	8
9	10	11	12	13	14	15
16	17	18	19	20	21	22
23	24	25	26	27	28	29
30						

10월

일	월	화	수	목	금	토
	1	2	3	4	5	6
7	8	9	10	11	12	13
14	15	16	17	18	19	20
21	22	23	24	25	26	27
28	29	30	31			

11월

일	월	화	수	목	금	토
				1	2	3
4	5	6	7	8	9	10
11	12	13	14	15	16	17
18	19	20	21	22	23	24
25	26	27	28	29	30	

12월

일	월	화	수	목	금	토
						1
2	3	4	5	6	7	8
9	10	11	12	13	14	15
16	17	18	19	20	21	22
23	24	25	26	27	28	29
30	31					

7				
6				
5				
4				
3				
2				
1				
공휴일 수(일) / 월	9	10	11	12

▶ 다음 글을 읽고 물음에 답하세요. [❶~❷]

세윤이와 친구들은 현장 체험 학습 장소인 놀이공원에 도착하였습니다. 놀이공원에 도착하자마자 세윤이와 친구들은 타고 싶은 놀이 기구 앞에 줄을 섰습니다.

오랜 시간 동안 기다려 관람차를 타고 온 세윤이는 다음에는 어떤 놀이 기구를 탈까 고민하였습니다.

"사람이 가장 적게 서 있는 놀이 기구를 타러 가야겠어."

세윤이는 놀이 기구 앞에 줄 서 있는 사람 수를 세어 표와 그래프로 만들어 보았습니다.

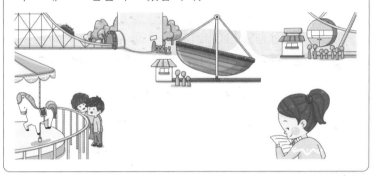

〈놀이 기구별 줄 서 있는 사람의 수〉

놀이 기구	관람차	롤러코스터	회전목마	바이킹	합계
사람 수(명)	6	5	2	3	16

〈놀이 기구별 줄 서 있는 사람 수〉

6	○			
5	○	○		
4	○	○		
3	○	○		○
2	○	○	○	○
1	○	○	○	○
학생 수(명) / 놀이 기구	관람차	롤러코스터	회전목마	바이킹

❶ 롤러코스터 앞에는 몇 명이 서 있을까요?

(   )명

❷ 세윤이는 사람들이 가장 적게 서 있는 놀이 기구를 타려고 합니다. 세윤이가 어떤 놀이 기구를 타는 것이 가장 좋을까요?

(   )

▪ 표로 나타내면 편리한 점
조사한 자료의 종류별 수를 쉽게 알 수 있습니다.

▪ 그래프로 나타내면 편리한 점
종류별로 많고 적음을 비교하기 쉽고, 가장 많은 것과 가장 적은 것을 한눈에 알 수 있습니다.

❖ **덧셈표에서 규칙 찾기**

- 같은 줄에서 위쪽으로 올라갈수록 1씩 작아지는 규칙이 있습니다.
- 같은 줄에서 왼쪽으로 갈수록 1씩 작아지는 규칙이 있습니다.
- 세로줄(↓방향)에 있는 수들은 반드시 가로줄(→방향)에도 똑같은 수들이 있습니다.
- ↙방향으로 같은 수들이 있는 규칙이 있습니다.
- ↘방향으로 2씩 커지는 규칙이 있습니다.

✐ **덧셈표에서 규칙을 찾아 볼까요**

+	0	1	2	3	4	5	6	7	8	9
0	0	1	2	3	4	5	6	7	8	9
1	1	2	3	4	5	6	7	8	9	10
2	2	3	4	5	6	7	8	9	10	⑪
3	3	4	5	6	7	8	9	10	11	12
4	4	5	6	7	8	9	10	11	12	13
5	5	6	7	8	9	10	11	12	13	14
6	6	7	8	9	10	11	12	13	14	15
7	7	8	9	10	11	12	13	14	15	16
8	8	9	10	11	12	13	14	15	16	17
9	9	10	⑪	12	13	14	15	16	17	18

• 2+9=11
• 9+2=11
• 어떤 줄이든 홀수, 짝수(또는 짝수, 홀수)가 반복됩니다.

- 같은 줄에서 아래쪽으로 내려갈수록 1씩 커지는 규칙이 있습니다.
- 같은 줄에서 오른쪽으로 갈수록 1씩 커지는 규칙이 있습니다.
- 0에서 18까지 곧은 선으로 그은 후 선을 따라 접었을 때 만나는 수들은 서로 같습니다.

❖ **곱셈표에서 규칙 찾기**

×	1	3	5	7	9
1	1	3	5	7	9
3	3	9	15	21	27
5	5	15	25	35	45
7	7	21	35	49	63
9	9	27	45	63	81

- 위 곱셈표에 있는 수들은 모두 홀수입니다.
- 같은 줄에서 아래쪽으로 내려갈수록 일정한 수만큼 커지는 규칙이 있습니다.
- 같은 줄에서 오른쪽으로 갈수록 일정한 수만큼 커지는 규칙이 있습니다.

✐ **곱셈표에서 규칙을 찾아 볼까요**

×	1	2	3	4	5	6	7	8	9
1	1	2	3	4	5	6	7	8	9
2	2	4	6	8	10	12	14	16	⑱
3	3	6	9	12	15	18	21	24	27
4	4	8	12	16	20	24	28	32	36
5	5	10	15	20	25	30	35	40	45
6	6	12	18	24	30	36	42	48	54
7	7	14	21	28	35	42	49	56	63
8	8	16	24	32	40	48	56	64	72
9	9	⑱	27	36	45	54	63	72	81

• 2×9=18
• 9×2=18
• 1, 3, 5, 7, 9의 단 곱셈구구에 있는 수는 홀수, 짝수가 반복됩니다.

- 각 단의 수는 아래쪽으로 내려갈수록 단의 수만큼 커집니다.
- 각 단의 수는 오른쪽으로 갈수록 단의 수만큼 커집니다.
- 2, 4, 6, 8의 단 곱셈구구에 있는 수는 모두 짝수입니다.
- 1에서 81까지 곧은 선으로 그은 후 선을 따라 접었을 때 만나는 수들은 서로 같습니다.

무늬에서 규칙을 찾아 볼까요 ⑴

- △를 1, ▣를 2, ◉를 3으로 바꾸면 다음과 같습니다.

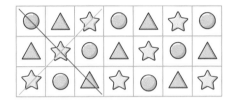

1	2	3	1	2
3	1	2	3	1
2	3	1	2	3

무늬에서 규칙을 찾아 볼까요 ⑵

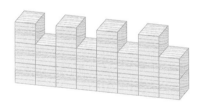

- 모양은 ◯, △, ☆이 반복됩니다.
- ╱ 방향으로 같은 모양이 반복됩니다.
- ╲ 방향으로 같은 모양이 없습니다.

쌓은 모양에서 규칙을 찾아 볼까요

- 쌓기나무가 3개, 2개, 3개, 2개가 반복되는 규칙이 있습니다.

생활에서 규칙을 찾아 볼까요

일	월	화	수	목	금	토
				1	2	3
4	5	6	7	8	9	10
11	12	13	14	15	16	17
18	19	20	21	22	23	24
25	26	27	28	29	30	31

- 모든 요일은 7일마다 반복되는 규칙이 있습니다.
- 가로로 1씩 커지는 규칙이 있습니다.
- 세로로 7씩 커지는 규칙이 있습니다.

바로바로 체크

1 다음 덧셈표의 빈칸에 알맞은 수를 써넣으세요.

+	1	3	5
1	2	4	6
3	4		
5	6		

2 다음 곱셈표의 빈칸에 알맞은 수를 써넣으세요.

×	1	3	5
1	1	3	5
3	3		
5	5		

3 다음 쌓기나무를 쌓은 규칙에 맞게 □ 안에 알맞은 수를 써넣으세요.

쌓기나무가 □ 개, □ 개가 반복되는 규칙이 있습니다.

✿덧셈표를 보고 물음에 답하세요. [1~2]

+	2	3	4	5	6
2	4	5	6	7	8
3	5	6	7	8	9
4	6	7			
5	7				
6	8				

1 규칙을 찾아 빈칸에 알맞은 수를 써넣으세요.

2 빨간색 점선에 놓인 수들은 화살표 방향으로 갈수록 몇씩 커지는 규칙이 있나요?

( )

3 덧셈표에 있는 규칙에 맞게 빈칸에 알맞은 수를 써넣으세요.

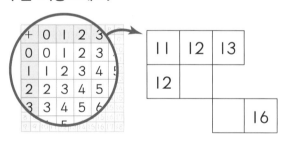

4 규칙을 찾아 빈칸에 알맞은 수를 써넣으세요.

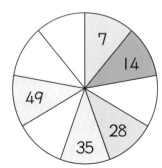

✿곱셈표를 보고 물음에 답하세요. [5~6]

×	5	6	7	8	9
5	25	30	35	40	45
6	30	36			
7	35	42			
8	40	48			
9	45	54			

5 규칙을 찾아 빈칸에 알맞은 수를 써넣으세요.

6 초록색 점선을 따라 접었을 때 만나는 수는 서로 어떤 관계가 있나요? ( )

① 서로 같은 수들이 있습니다.
② 서로 다른 수들이 있습니다.
③ 2씩 커지는 규칙이 있습니다.
④ 4씩 커지는 규칙이 있습니다.
⑤ 홀수와 짝수가 짝을 이룹니다.

7 곱셈표에 있는 규칙에 맞게 빈칸에 알맞은 수를 써넣으세요.

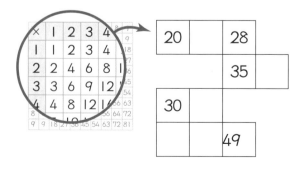

수학

8 규칙에 따라 빈 곳에 알맞게 색칠해 보세요.

● 빨간색 ● 노란색 ● 초록색

9 규칙을 찾아 □ 안에 알맞은 모양을 그려 보세요.

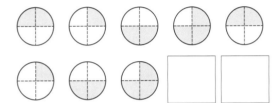

11 다음 영어 카드의 규칙을 찾아 써 보세요.

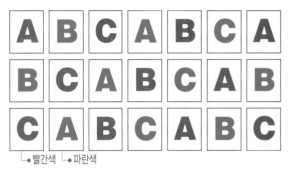

● 빨간색 ● 파란색

_____

_____

12 규칙을 찾아 빈 곳을 알맞게 색칠해 보세요.

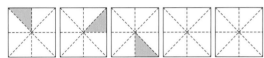

잘 틀려요

13 다음 컴퓨터 자판에서 찾을 수 없는 수 배열 규칙은 어느 것인가요? (   )

7	8	9
4	5	6
1	2	3

① 1씩 커지거나 작아집니다.
② 2씩 커지거나 작아집니다.
③ 3씩 커지거나 작아집니다.
④ 4씩 커지거나 작아집니다.
⑤ 5씩 커지거나 작아집니다.

중요

10 다음 모양을 ■은 1, ■은 2, □은 3으로 바꾸어 나타내었을 때 ㉠, ㉡, ㉢에 들어갈 수를 쓰세요.

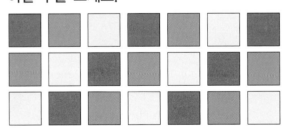

↓

1	2	3	1	2	3	1
2	3	1	㉠	3	1	2
3	㉡	2	3	1	2	㉢

㉠ (   )
㉡ (   )
㉢ (   )

14 어떤 규칙으로 쌓기나무를 쌓은 것입니다. 쌓기나무를 4층으로 쌓기 위해서는 쌓기나무가 몇 개 필요한지 구하세요.

(   ) 개

15 다음에 이어질 모양을 만드는 데 필요한 네모는 몇 개인가요?

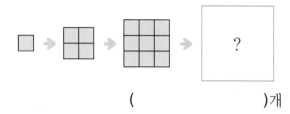

(   )개

서술형

16 다음은 어떤 규칙이 있는지 규칙을 쓰고 ㉠에 알맞은 모양을 그리세요.

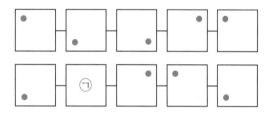

(1) 규칙: _____

_____

(2) ㉠에 알맞은 모양: ☐

17 규칙을 찾아서 마지막 시계는 몇 시 몇 분인지 쓰세요.

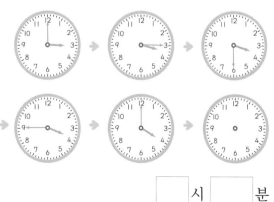

☐ 시 ☐ 분

18 다음은 가양역을 출발하는 열차 시각표입니다. 빈칸에 들어갈 시각은 몇 시 몇 분인가요?

열차 출발 시각표		
3시 12분	4시 12분	5시 12분
3시 22분	4시 22분	5시 22분
3시 32분	4시 32분	5시 32분
3시 42분	4시 42분	
3시 52분	4시 52분	5시 52분
4시 02분	5시 02분	6시 02분

☐ 시 ☐ 분

잘 틀려요

19 다음은 재경이네 교실의 모습입니다. 재경이의 번호가 17번일 때, 재경이의 자리는 몇 열 몇째 자리일까요?

☐ 열 ☐ 째 자리

서술형

20 어느 해 11월의 달력입니다. 수요일에 있는 수들의 규칙을 써 보세요.

일	월	화	수	목	금	토
			1	2	3	4	5
6	7	8	9	10	11	12
13	14	15	16	17	18	19
20	21	22	23	24	25	26
27	28	29	30			

_____

▶ 여기는 재민이네 집 마당에 있는 꽃밭입니다. 꽃밭에는 꽃들이 규칙적으로 피어 있습니다. 이 꽃밭에 물을 주는 것은 재민이와 지민이가 맡은 일입니다. 물음에 답하세요.

[**1**~**2**]

1 재민이네 꽃밭의 꽃들은 어떤 규칙으로 심어져 있는지 규칙을 써 보세요.

▪**규칙 찾기**
모양이나 색깔 등이 어떻게 반복되는지를 찾습니다.

2 꽃들은 규칙적으로 색칠하여 나만의 꽃밭을 만들어 보세요.

▪**규칙 만들기**
나만의 새로운 규칙을 만들어 볼 수도 있습니다.

출제 예상 문제 분석

가을, 겨울

가을

단원명	주요 출제 내용	출제 빈도	공부한 날
1. 동네 한 바퀴	• 동네를 위해 할 수 있는 일을 찾아 실천하면서 일의 소중함을 알기	★★★★★	월 일
	• 동네의 모습을 관찰하고 그림으로 그려 설명하기	★★★	
	• 동네 사람들이 하는 일, 직업 등을 조사하여 발표하기	★★★★★	
	• 동네 모습을 다양하게 표현하기	★★★	
	• 동네에서 볼 수 있는 직업과 관련하여 놀이하기	★★★★	
2. 가을아 어디 있니	• 사람들이 많이 모이는 곳에서 질서와 규칙을 지키며 생활하기	★★★★★	월 일
	• 가을 날씨의 특징과 주변의 생활 모습을 관련짓기	★★★★★	
	• 가을에 볼 수 있는 것을 살펴보고, 특징에 따라 무리 짓기	★★★★	
	• 가을의 모습과 느낌을 창의적으로 표현하기	★★★	
	• 가을 낙엽, 열매 등을 소재로 다양하게 표현하기	★★★	

겨울

단원명	주요 출제 내용	출제 빈도	공부한 날
1. 두근두근 세계 여행	• 다른 나라의 문화를 존중하고 공감하는 태도 기르기	★★★★★	월 일
	• 내가 알고 싶은 나라를 조사하여 발표하기	★★★	
	• 다른 나라의 노래, 춤, 놀이 조사하기	★★★★★	
	• 다른 나라의 문화를 나타내는 작품을 전시, 공연하고 감상하기	★★★	
	• 다른 나라의 노래, 춤, 놀이를 즐기고 그 느낌을 다양하게 표현하기	★★★★	
2. 겨울 탐정대의 친구 찾기	• 생명을 존중하며 동식물을 보호하는 방법 알아보기	★★★★★	월 일
	• 겨울 방학 생활 계획을 세워 실천하기	★★★★★	
	• 겨울에 하고 싶은 일, 해야 하는 일 등을 조사하기	★★★★	
	• 동식물의 겨울나기 모습을 살펴보고, 좋아하는 동물의 특성을 탐구하기	★★★	
	• 건강한 겨울나기를 위해 규칙적으로 운동하기	★★★	

1. 동네 한 바퀴

❖ 지역에 따른 다양한 동네 모습

▲ 도시

▲ 농촌

❖ '우리 동네 한 바퀴'

우리 동네 한 바퀴 돌아볼까
이 골목엔 뭐가 있을까
우리 동네 한 바퀴 돌아볼까
한 바퀴 돌아볼까

뽀글뽀글 머리 하는 미용실
심부름 하러 가는 슈퍼
달콤한 냄새 가득 빵집
이 골목엔 뭐가 있을까

❖ 직업 카드 모으기 놀이

• 직업 카드를 가장 많이 모은 모둠이 이기는 놀이입니다.

낱말 풀이

❶ **탐험** 알려지지 않은 곳을 찾아다니면서 살피는 것.
❷ **경로당** 마을의 노인들이 모여서 쉬거나 즐기기 위한 집.

동네를 ❶탐험해요

• 동네 탐험하기: 살펴볼 곳을 정하기 ⇨ 안전 규칙을 정하고 동네 탐험하기 ⇨ 살펴본 내용을 사진, 글 등으로 기록하기 ⟶ 준비물: 수첩, 연필, 지우개, 사진기 등

동네 모습을 그려요

• 동네 모습 그리기: 학교를 중심으로 길 그리기 ⇨ 그린 것을 색칠해서 붙이기 ⇨ 동네 모습 설명하기

우리 동네 한 바퀴

① 우리 동네를 생각하며 '우리 동네 한 바퀴' 노래를 불러 봅니다.
② 노랫말을 우리 동네 모습으로 바꾸어 불러 봅니다.

동네 돌기 놀이

① 동네 길을 그리고, 길 곳곳에 준비물을 놓습니다. ⟶ 준비물: 카드, 붙임딱지, 장소 깃발
② 카드를 꺼내서 순서에 맞게 붙임딱지를 붙이고 돌아옵니다.

▲ 동네 돌기 놀이

동네 사람들을 만나요

① 조사할 직업과 여쭤 볼 내용을 정합니다. ⟶ 예 몇 시부터 몇 시까지 일을 하시나요? / 일을 하면서 힘든 점은 무엇인가요?
② 예절을 지키며 궁금한 내용을 여쭤 봅니다.
③ 알게 된 내용과 느낀 점을 정리합니다.

동네 사람들이 하는 일

▲ 경찰관

▲ 소방관

▲ 농부

▲ 요리사

⟶ 동네에는 의사, 간호사, 경찰관, 안경사, 요리사, 은행원, 환경미화원 등 다양한 직업을 가진 분들이 있습니다.

우리 동네 직업 뉴스

• 동네 사람들의 직업을 뉴스로 전하기: 동네 사람들의 직업 살펴보기 ⇨ 기준을 정해서 무리 짓기 ⇨ 소개할 직업 선택하기 ⇨ 뉴스에서 어떤 역할을 할지 정하기 ⇨ 대본 만들기 ⇨ 직업을 소개하는 뉴스 전하기 ⟶ 예 낮에 일하는 직업, 밤에 일하는 직업, 거리에서 일하는 직업, 맛있는 것을 만드는 직업

직업 놀이 준비하기

직업	하는 일	필요한 도구나 물건
치과 의사	이를 살피고 치료한다.	치과 간판, 치아 관찰용 막대, 흰 가운, 접수 종이
미용사	손님의 머리를 해 준다.	미용실 간판, 가위, 빗, 헤어 드라이어, 손님용 가운
요리사	음식을 요리한다.	분식점 간판, 종이 메뉴판, 음식 재료용 찰흙, 접시, 플라스틱 칼

우리 동네 직업 놀이

- 여러 가지 직업을 체험해 봅니다. 예 〈튼튼 치과〉 접수하기 ⇨ 진료실로 안내하기 ⇨ 치료하기 ⇨ 약 처방하기 ⇨ 처방전 주면서 진료비 받기

노래하며 일해요

- '목도소리' 노래 부르기 → '목도소리'는 무거운 짐을 나를 때 여러 사람이 발을 맞추면서 부르는 노래입니다.

어	여	차		어	여	차		발		을		어	여	차
맞	추	고		어	여	차		어	여	차		어	여	차

우리도 해 봐요

- 동네를 위해 할 수 있는 일: 질서 지킴이 활동하기, 동네 일손 돕기 ② 경로당에서 공연하기, 쓰레기 줍기, 꽃 가꾸기 등

마음을 전해요

- 동네 사람에게 감사의 편지 쓰기: 누구에게 쓸지 정하기 ⇨ 경험했던 일을 떠올리며 편지 쓰기 ⇨ 편지 전달하기
  └ 자신이 경험했던 일을 떠올리며, 동네 사람들이 하는 일의 소중함과 고마운 점을 말합니다.

물건 사세요

도구 준비하기	배달 놀이하기
• 물건을 배달한 장소를 정하고 바구니에 장소 이름표를 붙인다. • 우유갑으로 배달 장소에 필요한 물건을 만든다.	• 상자에서 물건을 하나 집는다. • 알맞은 장소에 물건을 놓고 돌아온다. • 다음 친구가 출발한다.

└ 배달 장소와 물건: 예 학교 – 교과서, 공책, 연필 은행 – 도장, 통장, 번호표

우리 동네를 소개해요

- 내용과 모양을 정해서 우리 동네 소식지를 만들어 봅니다.

바로바로 체크

1 우리 동네에서 볼 수 있는 모습을 두 가지 쓰세요.

_____

2 경찰관이 하는 일로 바른 것에 ○표 하세요.
(1) 환자를 진찰하고 진료한다. (　　　)
(2) 범죄 예방을 위해 순찰한다. (　　　)

3 다음 빈칸에 알맞은 말을 쓰세요.

> '목도소리'는 무거운 짐을 나를 때 □□을 맞추면서 부르는 노래이다.

(　　　　)

4 다음 그림의 어린이가 동네를 위해 하는 일은 무엇인지 쓰세요.

(　　　　)

▶ 정답

1. 우체국, 주민 센터　2. (2) ○
3. 발　4. 쓰레기 줍기

1 우리 동네를 탐험할 때 가장 먼저 해야 할 일은 어느 것인가요? (   )

① 살펴볼 곳을 정한다.

② 안전 규칙을 정하고 동네를 탐험한다.

③ 동네를 탐험하면서 알게 된 내용을 발표한다.

④ 살펴본 내용을 사진, 그림, 글 등으로 기록한다.

⑤ 동네를 탐험하러 가기 위해 필요한 준비물을 확인하다.

2 동네 모습을 그림으로 그릴 때 필요한 준비물이 아닌 것은 어느 것인가요? (   )

① 사진　　　　　② 사인펜

③ 지구본　　　　④ 조사 자료

⑤ 동네 모습을 그릴 종이

✿ 다음 노랫말을 보고 물음에 답하세요. [3~4]

> 뽀글뽀글 머리 하는 ☐☐
> 심부름 하러 가는 슈퍼
> 달콤한 냄새 가득 빵집
> 이 골목엔 뭐가 있을까

3 위 노랫말의 빈칸에 들어갈 알맞은 말은 무엇인지 쓰세요.

(   )

4 위 노랫말을 통해 알 수 있는 사실을 잘못 이야기하는 친구는 누구인지 쓰세요.

> • 서율: 동네 모습을 떠올릴 수 있어.
> • 주완: 이웃 마을의 소식을 들을 수 있어.
> • 승민: 슈퍼, 빵집 등 다양한 장소가 있어.

(   )

5 다음 그림은 어떤 놀이를 하는 모습인지 쓰세요.

(   )

6 동네 사람들이 하는 일과 직업을 조사할 때 질문의 내용으로 바르지 않은 것은 어느 것인가요? (   )

① 주로 하시는 일은 무엇인가요?

② 이 직업의 좋은 점은 무엇인가요?

③ 일을 하면서 힘든 점은 무엇인가요?

④ 몇 시부터 몇 시까지 일을 하시나요?

⑤ 같이 사는 가족의 생일은 언제인가요?

7 다음 그림에서 친구들이 인터뷰를 하고 있는 이웃은 누구인가요 (   )

① 빵집 언니　　　② 떡집 아저씨

③ 꽃집 아주머니　④ 복지관 어르신

⑤ 문구점 아주머니

8 우리 동네에서 볼 수 있는 직업이 <u>아닌</u> 것은 어느 것인가요? (　　)

① 의사　　　　　② 은행원
③ 관광객　　　　④ 환경미화원
⑤ 버스 운전사

9 다음과 같은 일을 하는 이웃을 찾아 ○표 하세요.

> 불이 났거나 사람이 다쳤다는 신고가 들어오면 출동한다.

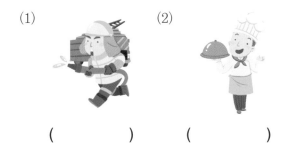

(1)　　　　　　　(2)

(　　　　)　　　(　　　　)

10 동네 사람들의 직업을 뉴스로 전하는 방법을 순서대로 기호를 쓰세요.

> ㉠ 대본을 만든다.
> ㉡ 소개할 직업을 선택한다.
> ㉢ 기준을 정해서 무리 짓는다.
> ㉣ 동네 사람들의 직업을 살펴본다.
> ㉤ 뉴스에서 어떤 역할을 할지 정한다.

(　　→　　→　　→　　→　　)

서술형

11 안전한 동네를 만들기 위해 경찰관이 하는 일은 무엇인지 쓰세요.

_____

12 미용사로 직업 놀이를 할 때 필요한 준비물을 두 가지 고르세요. (　　,　　)

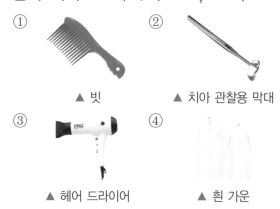

①　　　　　　　　②
▲ 빗　　　　　　▲ 치아 관찰용 막대

③　　　　　　　　④
▲ 헤어 드라이어　　▲ 흰 가운

13 다음 그림과 같은 직업 체험에서 할 수 있는 일이 <u>아닌</u> 것은 어느 것인가요? (　　)

① 주문받기
② 계산하기
③ 요리하기
④ 치료하기
⑤ 빈 식탁 정리하기

14 '목도소리' 노래에 대한 설명으로 바른 것은 어느 것인가요? (　　)

① 노랫말이 복잡하다.
② 외국에서 전해진 노래이다.
③ 느리고 우울한 느낌이 든다.
④ 일을 하면서 부르는 노래이다.
⑤ 어머니가 아기를 재우면서 부르는 노래이다.

15 동네를 위해 우리가 할 수 있는 일이 <u>아닌</u> 것은 어느 것인가요? (   )

① 꽃 가꾸기
② 쓰레기 줍기
③ 주차 단속하기
④ 동네 일손 돕기
⑤ 교통 규칙 지키기

서술형

16 다음 그림의 친구가 동네를 위해 하는 일은 무엇인지 쓰세요.

_____

잘 틀려요

17 동네 사람에게 고마운 마음을 담은 편지를 쓰려고 할 때 가장 먼저 해야 할 일을 찾아 기호를 쓰세요.

ㄱ 편지를 전달한다.
ㄴ 누구에게 쓸지 정한다.
ㄷ 경험했던 일을 떠올리며 편지를 쓴다.

(   )

18 배달 놀이를 할 때 배달 장소에 들어갈 알맞은 물건을 찾아 선으로 이어 보세요.

(1) 학교 ·   · ㄱ 도장, 통장, 번호표

(2) 은행 ·   · ㄴ 교과서, 공책, 연필

19 다음 그림과 같이 우리 동네를 소개하는 방법은 무엇인가요? (   )

① 전화하기   ② 노래 만들기
③ 소식지 만들기   ④ 뮤지컬 공연하기
⑤ 텔레비전 광고하기

20 앞으로 달라질 동네의 모습을 <u>잘못</u> 이야기하는 친구는 누구인가요? (   )

① **서윤**: 우리 집과 가까운 곳에 영화관이 생겼어.
② **현성**: 도서관이 커지면서 좋은 책들이 많아졌어.
③ **지은**: 날씨가 더워 계곡으로 피서를 떠날 수 있어.
④ **남오**: 수영장이 생겨 자유롭게 수영을 배울 수 있어.
⑤ **희찬**: 사거리에 경찰관 아저씨가 교통정리를 해 주셔.

1 민주와 호석이는 꽃집 주인을 만나 직업과 관련된 다양한 정보를 얻으려고 합니다. 어떤 질문을 해야 할지 세 가지 쓰세요.

1	
2	
3	

■ 동네 사람들과 인터뷰하기 (예)

조사 날짜	20○○년 ○월 ○일
만날 사람	경찰관
찾아갈 곳	○○ 파출소
준비물	교과서, 필기도구, 사진기, 이름표
어떤 질문을 할까요?	• 어떤 일을 하시나요? • 보람된 점은 무엇인가요?
알게 된 내용과 느낀 점	• 범죄 예방을 위해 순찰하고, 범죄가 발생하면 사건을 처리한다. • 도움을 필요로 하는 사람들에게 도움을 줄 수 있다는 것이 보람된 점이다.

가을

2 다음은 모둠별로 직업 놀이를 하는 모습을 나타낸 것입니다. 직업 체험에 필요한 준비물을 두 가지 이상 쓰세요.

▲ 튼튼 치과

▲ 맛나 분식

튼튼 치과	
맛나 분식	

■ 직업 체험 장소 살펴보기

각 모둠에서 만든 직업 체험장을 살펴보며 어떤 직업들을 체험하게 될지 알아봅니다.(예 사과 농장의 농부, 치과 의사, 미용사, 분식점 주인)

2. 가을아 어디 있니

가족들과 단풍 구경을 갔다. 아침에는 쌀쌀해서 겉옷을 입고 나왔다. 점심을 먹고 나니 따뜻해져 겉옷을 벗고 놀았다.

✤ 그림 속에 나타난 가을의 모습

▲ 헨리 힐러 파커 '추수'

• 건초를 수레에 싣고 있습니다.
• 노란색과 황토색을 많이 사용하였습니다.

📎 **낱말 풀이**

❶ **책갈피** 읽던 곳이나 필요한 곳을 찾기 쉽도록 책의 낱장 사이에 끼워두는 물건.
❷ **수확** 농작물, 수산물, 임산물 등을 거두어들이는 것.

🍂 **가을의 소리를 찾아서**

① 학교 주변에서 들은 소리: 풀벌레 소리, 낙엽 밟는 소리 등
② 학교 주변에 달라진 모습: 나뭇잎이 붉게 물든 모습, 노란 은행나무 등

🍂 **가을이 오면**

→ 아침, 저녁에는 춥고 낮에는 따뜻합니다.

① 가을 날씨의 특징: **시원하고 맑은 날이 많습니다.**
② 가을 날씨 카드와 생활 카드 모으기 놀이
• 날씨 카드는 뒤집어서, 생활 카드는 그림이 보이도록 올려놓습니다.
• 날씨 카드는 한 장 뽑고, 어울리는 생활 카드를 한 장 고릅니다.
• 두 카드를 연결 지어 말하고, 카드를 가져옵니다.
• 가장 많은 카드를 모은 친구가 이깁니다.

🍂 **가을바람 살랑**

① 가을바람을 맞아 보고 느낌을 이야기합니다.
② 가을바람이 불어오는 모습을 상상하며 '가을바람' 노래를 부릅니다.

🍂 **책장 넘기는 소리**

① 도서관에서 지켜야 할 규칙: **큰 소리로 말하지 않고, 책을 빌리거나 반납할 때 차례차례 줄을 섭니다.** → 책을 찢거나 낙서하지 않고, 읽은 책은 정해진 자리에 놓습니다.
② 도서관에서 지켜야 할 규칙을 담은 ❶책갈피를 만듭니다.

🍂 **내가 만드는 가을의 소리**

• 나만의 가을 악기 만들기: 플라스틱 통 준비하기 ⇨ 통 안에 곡식 넣기 ⇨ 색 찰흙으로 예쁘게 꾸미기

🍂 **가을의 맛을 찾아서**

가을철 사람들의 생활 모습	과수원에서 사과 따기, 논에서 벼 ❷수확하기, 밭에서 배추 뽑기, 밤 따기 등
가을철 열매 조사하기	• 밭: 고추, 콩 등 　• 산: 밤, 도토리 등 • 과수원: 사과, 배 등 　• 집 주변: 감, 대추 등

🍂 **왕도토리**

① 도토리 모으기 놀이
• 다람쥐를 한 명 정하고 나머지 친구는 모두 도토리가 됩니다.
• 다람쥐가 구호를 외친 후, 도토리를 모으러 달려갑니다.
• 다람쥐의 손에 닿은 도토리도 다람쥐가 되어 다른 도토리를 모으러 갑니다. → 모든 도토리를 모으면 놀이가 끝납니다.

🍃 주렁주렁 가을 열매

눈으로 관찰하기	• 사과는 둥글고 빨갛게 생겼다. • 감은 둥글넓적하고 주황색이다.
코를 이용하여 관찰하기	• 감은 달콤한 향이 난다. • 사과 향이 상큼해서 입에서 군침이 돈다.
열매의 맛	• 사과는 새콤달콤하다. • 대추 맛은 사과 맛과 비슷하다.
열매를 만져 본 느낌	• 은행은 겉이 매끄럽고 딱딱하다. • 배는 표면이 까칠까칠하고 두껍다.

└ 열매의 속 모양을 살펴보면 사과는 속이 하얗고 작은 씨앗이 여러 개 있으며, 감은 씨앗이 크고 색이 까맣습니다.

🍃 가을 열매 바구니

• 가을 열매 바구니 만들기: 밑판 만들기 ➾ 손바닥으로 밀어 길게 만들기 ➾ 만든 줄을 밑판에 층층이 올리고 손잡이 붙이기

🍃 가을의 색을 찾아서

• 내가 찾은 가을의 색: **예** 저는 지난 주말에 가족과 사과 축제에 다녀왔습니다. 제가 찾은 가을의 색은 사과의 빨간색과 주황색입니다.→ 가을철 나들이에서 본 것들을 생각해 봅니다.

🍃 무엇을 지켜야 할까요

• 사람이 많이 모이는 곳에서 지켜야 할 일: **차례차례 줄을 서고 떠들거나 뛰어다니지 않습니다. 쓰레기를 함부로 버리지 않습니다.**

🍃 가을은 무슨 색

• 가을에 볼 수 있는 색으로 표현하기: **가을에 많이 볼 수 있는 색** 으로 색종이를 찢어 붙입니다.
도토리의 갈색, 사과와 단풍잎의 빨간색, ┘
은행의 노란색, 파란 하늘색 등

🍃 그림 속의 가을 색

• 그림 속에 나타난 가을 풍경과 사람들의 생활 모습, 작품에 많이 사용한 색을 찾아봅니다.

🍃 울긋불긋 가을 세상
┌─ 손 모양, 길쭉한 모양, 둥그런 모양 등
① 낙엽 무리 짓기: **색깔, 모양, 크기**에 따라 나눌 수 있습니다.
② 낙엽으로 표현하기: 낙엽 가면 만들기, 낙엽 왕관 만들기 등

🍃 지키면 즐거워요
┌─ 예 질서란 조용히 앉아서 책을 읽는 것, 질서란 차례차례 버스에 타는 것
• 질서 사전 만들기: **질서에 대한 자기 생각 쓰기** ➾ 모둠 친구들의 카드를 모아서 책으로 만들기 ➾ 우리만의 질서 사전을 발표하고 전시하기

1 다음은 어떤 계절에 들을 수 있는 소리인지 쓰세요.

> 바람 소리, 풀벌레 소리, 낙엽 밟는 소리 등을 들을 수 있다.

(   )

2 도서관에서 지켜야 할 규칙으로 바른 것은 ○표, 바르지 않은 것은 ×표 하세요.
⑴ 큰 소리로 말한다.
(   )
⑵ 책을 반납할 때 차례차례 줄을 선다. (   )

3 다음 가을 열매의 이름은 무엇인지 쓰세요

(   )

4 다음 빈칸에 알맞은 말을 쓰세요.

> 낙엽은 □□에 따라 주황색, 갈색, 빨간색 등으로 나눌 수 있다.

(   )

● 정답 ●

1. 가을 2. ⑴ ×, ⑵ ○
3. 감 4. 색깔

1 가을에 들을 수 있는 소리를 보기 에서 찾아 기호를 쓰세요.

> 보기
> ㉠ 낙엽 밟는 소리
> ㉡ 눈을 밟는 소리
> ㉢ 풀밭에서 귀뚜라미 우는 소리

(   )

서술형

2 다음 일기를 통해 알 수 있는 가을 날씨의 특징은 무엇인지 쓰세요.

> 가족들과 단풍 구경을 갔다. 아침에는 쌀쌀해서 겉옷을 입고 나왔다. 점심을 먹고 나니 따뜻해져 겉옷을 벗고 놀았다.

_____

잘 틀려요

3 가을 날씨 카드와 생활 카드 모으기 놀이를 하는 방법입니다. 순서에 맞게 기호를 쓰세요.

> ㉠ 두 카드를 연결 지어 말하고, 카드를 가져온다.
> ㉡ 날씨 카드는 뒤집어서, 생활 카드는 그림이 보이도록 올려놓는다.
> ㉢ 날씨 카드는 한 장 뽑고, 어울리는 생활 카드를 한 장 고른다.

(→   →   )

4 다음과 같은 모습을 볼 수 있는 곳은 어디인가요? (   )

> • 정해진 자리에 바르게 앉아 책을 읽는다.
> • 책을 대출하거나 반납하기 위해 줄을 선다.

① 은행
② 병원
③ 도서관
④ 수영장
⑤ 백화점

5 오른쪽 사진과 같이 책에 끼워 사용하는 것을 무엇이라고 하나요? (   )

① 찰흙
② 빨대
③ 책갈피
④ 요구르트 병
⑤ 두꺼운 색지

6 가을 악기를 만드는 과정을 보고, 통 안에 무엇을 넣는지 쓰세요.

 ⇨ ⇨

(   )

7 가을에 사람들이 하는 일이 <u>아닌</u> 것은 어느 것인가요? (　　)

① 산에서 밤을 딴다.
② 밭에서 배추를 뽑는다.
③ 과수원에서 사과를 딴다.
④ 숲속에서 매미를 잡는다.
⑤ 논에서 벼를 거두어들인다.

8 다음 중 가을철 열매가 <u>아닌</u> 것은 어느 것인가요? (　　)

▲ 도토리

▲ 밤

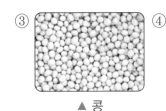
▲ 콩

▲ 수박

9 다음 보기 에서 설명하는 '나'는 무엇인지 쓰세요.

보기
• 나는 작고 동글동글 해.
• 나는 가을에 많이 볼 수 있어.
• 나는 머리에 모자를 쓰고 있어.
• 사람들이 나를 묵으로 만들어 먹어.

(　　　　　　)

서술형

10 도토리 모으기 놀이에서 다람쥐의 손에 닿은 도토리는 어떻게 해야 하는지 쓰세요.

_____

중요

11 다음에서 설명하는 가을 열매는 무엇인가요? (　　)

• 달콤한 향이 난다.
• 둥글넓적하고 주황색이다.

①　②　③　④

12 배를 만져 본 느낌으로 바른 것을 두 가지 고르세요. (　　,　　)

① 두껍다.　② 말랑하다.
③ 매끄럽다.　④ 끈적거리다.
⑤ 까칠까칠하다.

13 다음은 가을 열매 바구니를 만드는 순서입니다. 빈칸에 들어갈 알맞은 말은 어느 것인가요? (　　)

㉠ 밑판 만들기
㉡ 손바닥으로 밀어 길게 만들기
㉢ 만든 줄을 밑판에 층층이 올리고 [　　] 붙이기

① 풍선　② 손잡이　③ 신문지
④ 색종이　⑤ 병뚜껑

14 가을철 나들이를 가면 볼 수 있는 모습에 ○표 하세요.

(1)

(2)

(   )   (   )

중요

15 사람이 많이 모이는 곳에서 지켜야 하는 질서로 바른 것은 어느 것인가요? (   )

① 체험 학습장에서 뛰어다닌다.
② 운동장 구석에 쓰레기를 몰래 버린다.
③ 전시회장에서 작품을 만지면서 감상한다.
④ 화장실에서 차례차례 줄을 서서 기다린다.
⑤ 학습 발표회장에서 앞 사람의 의자를 발로 찬다.

16 가을에 많이 볼 수 있는 색의 색종이를 찢어 붙일 때 알맞지 <u>않은</u> 색은 어느 것인가요? (   )

① 갈색
② 황토색
③ 빨간색
④ 노란색
⑤ 하얀색

17 헨리 힐러 파커의 '추수'를 보고, 그림에 대한 감상을 <u>잘못</u> 이야기한 친구는 누구인지 쓰세요.

> • **성욱**: 단풍이 물든 숲속을 잘 표현하였어.
> • **희준**: 노란색과 황토색을 많이 사용하였어.
> • **서영**: 가을 들판의 모습을 나타낸 그림이야.

(   )

18 다음 보기 에서 낙엽을 무리 짓는 방법 중 알맞은 것을 모두 골라 기호를 쓰세요.

> 보기
> ㉠ 무게에 따라 나누기
> ㉡ 모양에 따라 나누기
> ㉢ 색깔에 따라 나누기
> ㉣ 가격에 따라 나누기

(,   )

잘 틀려요

19 오른쪽 그림의 친구가 낙엽으로 표현한 것은 무엇인가요? (   )

① 낙엽 붙이기
② 낙엽 가면 만들기
③ 낙엽에 그림 그리기
④ 낙엽으로 왕관 만들기
⑤ 땅에 낙엽과 나뭇가지로 모양 꾸미기

서술형

20 질서에 대한 자기 생각을 한 가지 쓰세요.

_____

_____

수·행·평·가

1 다음 사진은 가을 열매를 반으로 자른 모습입니다. 열매의 속 모양을 관찰하고 어떠한지 쓰세요.

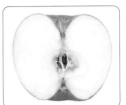  

▲ 사과　　　　　　▲ 배　　　　　　▲ 감

사과	
배	
감	

가
을

■ **가을 열매의 속 모양 관찰하기**

• 열매를 반으로 잘라 씨앗의 모양과 색깔을 살펴봅니다.
• 씨앗을 만져 보고 냄새도 맡아 봅니다.
• 작은 씨앗은 돋보기를 이용하여 관찰합니다.

2 다음은 가을 축제에 다녀와서 쓴 민서의 일기입니다. 민서가 질서 지킴이가 되기 위해서 실천해야 할 일을 세 가지 쓰세요.

> 20○○년 10월 ○○일 ○요일 날씨: 맑음
>
> 　학교에서 멀리 떨어져 있는 지역에서 열리는 가을 축제에 다녀왔다.
> 　친구들과 함께 버스에 타려고 줄을 섰는데 우리 반 친구 하은이가 자기가 먼저 타려고 해서 기분이 나빴다. 버스 안에서도 내 짝인 주원이 옆에 자기가 앉고 싶다며 먼저 앉아 버렸다. 하은이는 뒤에 앉은 강은이랑 버스 안에서 너무 떠들어서 선생님한테 꾸중도 들었다.
> 　축제가 열린 곳에 도착해 우리는 먼저 전시관으로 갔다. 전시관에서 선생님의 말씀에 따라 차례차례 전시된 깃들을 관람하는데 앞질러 뛰어가서 보려는 친구들도 있었다.
> 　점심때가 되어 김밥을 먹고 나서, 음료수 캔을 버리고 그냥 가려는 친구에게 쓰레기통에 버려야 한다고 말해 주었다. 집으로 돌아오는 버스 안에서 질서 지킴이가 되겠다는 다짐을 해 보았다.

1	
2	
3	

■ **질서를 잘 지키기 위한 노력**

사람들이 많이 모인 곳에서 질서를 지키지 못했던 행동을 고치고, 먼저 질서를 지키는 질서 지킴이가 되겠다는 다짐을 합니다.

1. 두근두근 세계 여행

✿ 다른 나라의 자랑거리

▲ 이집트의 피라미드

▲ 중국의 톈안먼 광장

▲ 인도의 타지마할

✿ 다른 나라의 민요

아비뇽 다리 위
손에 손을 마주 잡고
즐겁게 춤추자
동그라미 그리며
멋쟁이 친구들은
이렇게 인사해요

▲ 프랑스 민요

 낱말 풀이

❶ **문화** 한 사회의 예술, 문학, 도덕, 종교 등의 정신적 활동의 바탕

❷ **민요** 사람들 사이에서 저절로 생겨나서 전해지는 노래

✎ 가고 싶은 나라

┌─ 예 중국은 나비가 날개를 펼친 것과 같고 일본은 인삼처럼 보입니다.

① 다른 나라의 **땅** 모양을 살펴봅니다.
② 가고 싶은 나라의 국기에 색칠을 합니다.

✎ 알고 싶은 나라

자료 조사하기	선생님이나 부모님께 여쭈어 보기, 도서관에 가서 책이나 백과사전을 찾아보기, 인터넷을 통해 조사하기
자료 정리하기	도화지 준비하기 ⇨ 조사한 내용을 그림이나 글로 정리하기 ⇨ 더 소개하고 싶은 내용을 넣어서 완성하기

✎ 세계 여행

• '세계 여행' 노래 부르기 → 소고를 치며 노래를 부릅니다.

손		에		손	을 잡	고	세	계 여	행 떠	나 보		자
어		디	로 떠	나 볼	까	이	곳 저	곳 떠	나 보		자	

✎ 함께 존중해요

• 다른 나라의 ❶**문화**를 대하는 태도: **서로 이해하고 존중하며, 다른 나라의 문화를 무조건 따르거나 자기 나라의 것만 고집하지 않습니다.**

✎ 입어 보고 싶어요

┌─ 예 더운 지역의 옷과 추운 지역의 옷

• 세계의 전통 의상을 알아보고 **여러 가지 기준으로 무리 지어** 봅니다.

✎ 알록달록 세계의 옷

• 세계 여러 나라의 전통 의상 표현하기: 찰흙으로 만들기, 그리거나 색칠하기, 오리거나 꾸미기

✎ 이런 인사 저런 인사

① 다른 나라의 인사말: **니하오**(중국), **오하요**(일본), **구텐 모르겐**(독일), **나마스테**(인도), **봉주르**(프랑스), **굿모닝**(미국)
② 다른 나라의 재미있는 인사

▲ 손을 잡고 가볍게 흔드는 악수하기　▲ 두 손을 가슴 앞에서 맞대고 고개 숙이기　▲ 오른손을 가슴 중앙에 대고 미소 짓기　▲ 서로 안고 뺨을 번갈아 대기

✎ 다른 나라 집 구경

• 세계의 여러 가지 집: 통나무집, 잔디 지붕 집, 물 위 집, 기와집, 얼음집, 둥근 천막집, 마른 풀 지붕 집 등

뚝딱뚝딱 다른 나라의 집

- 다른 나라의 집을 여러 가지 방법으로 나타냅니다. 예 갈대 집, 인디언 티피, 네덜란드 풍차

다른 나라의 음식

- 다른 나라의 음식: **소시지**(독일), **피자**(이탈리아), **초밥**(일본), **똠양꿍**(태국), **케밥**(터키), **카레**(인도) 등 → 인터넷 검색, 어른들께 여쭈어 보기, 도서관에서 세계 음식과 관련된 책 찾아보기 등의 방법으로 다른 나라의 음식을 조사합니다.

다른 나라의 장난감

① 세계 여러 나라의 장난감: **겐다마**(일본), **마트료시카**(러시아), **쭈온쭈온**(베트남), **부메랑**(오스트레일리아), **걱정 인형**(과테말라) 등
② 친구에게 다른 나라의 장난감에 대해 **조사한 내용**을 소개합니다.
어느 나라의 장난감인지, 가지고 노는 법, 그 나라의 위치 등

함께 놀아요

러시아의 인형 장난감	크기가 다른 종이컵 세 개 준비하기 ⇨ 사인펜이나 색종이 등으로 꾸미기
베트남의 잠자리 장난감	교과서 카드 ③의 잠자리를 뜯어내어 색칠하기 ⇨ 날개와 몸통을 풀로 붙이기 ⇨ 잠자리 머리 부분을 손가락 위에 올려 균형 맞추기
일본의 공 장난감	종이컵 가운데에 나무 막대를 끼우고 서로 붙이기 ⇨ 스티로폼 공에 투명 접착테이프로 실 달기 ⇨ 실의 다른 쪽 끝을 나무 막대에 연결하기 ⇨ 장난감 완성하기

함께 불러요

- 세계 여러 나라의 ❷민요: 악기를 연주하거나 율동을 하며 노래를 부릅니다. 중국의 '수건 돌려라', 케냐의 안녕 반가워 등의 민요가 있습니다.

함께 지켜요

- 다른 나라 친구를 만났을 때 지켜야 할 일: **힐끗힐끗 쳐다보지 않고 친절하게 도와줍니다.** → 공공 예절을 잘 지키고 미소 짓는 얼굴로 이야기합니다.

다른 나라의 춤

플립 플롭 믹서: 신사 숙녀의 단정한 옷
하카 춤: 동물 뼈로 만든 목걸이, 식물 줄기나 잎 등 자연물로 만든 옷

① 하카 춤: 뉴질랜드 마오리족의 전통춤입니다.
② 민속춤 의상 만들기: **각 나라의 전통과 특징**이 드러나게 만듭니다.

어울림 한마당

- 친구들 앞에서 민속춤 발표회를 열어 봅니다.
  └→ 친구들의 민속춤 공연을 관람할 때는 옆 사람과 소곤거리거나 서서 돌아다니지 않습니다.

겨울

1 오른쪽 국기는 어느 나라의 국기인가요? (　　)

① 미국
② 중국
③ 영국
④ 일본
⑤ 캐나다

잘 틀려요

2 내가 가고 싶은 나라를 조사하는 방법으로 바르지 <u>않은</u> 것은 어느 것인가요? (　　)

① 도서관을 방문한다.
② 백과사전을 찾아본다.
③ 생활 계획표를 만든다.
④ 선생님께 여쭈어 본다.
⑤ 인터넷을 통해 알고 싶은 것을 조사한다.

3 다음에서 설명하는 세계 여러 나라의 자랑거리는 무엇인가요? (　　)

• 크기가 매우 크다.
• 이집트의 자랑거리다.
• 옛날 왕들의 무덤이다.

① 에펠탑
② 자금성
③ 만리장성
④ 피라미드
⑤ 톈안먼 광장

4 다음 ㉠ 부분에 들어갈 알맞은 노랫말은 어느 것인가요? (　　)

손		에		손	을	잡	고
㉠			떠	나	보	자	
어		디	로떠	나볼		까	
이	곳저	곳떠	나	보	자		

① 학교
② 동네
③ 강강술래
④ 체험 학습
⑤ 세계 여행

중요

5 우리와 다른 문화를 가진 친구를 만났을 때의 태도로 바른 것을 보기 에서 찾아 기호를 쓰세요.

보기
㉠ 서로 이해하고 존중한다.
㉡ 문화가 다르다고 무시한다.
㉢ 우리나라의 문화를 무조건 따르게 한다.

(　　　　　　)

6 다음 중 추운 지역의 전통 의상으로 바른 것은 어느 것인가요? (　　)

①

②

③

④

7 다음 그림은 어떤 것을 표현한 작품인가요?
( )

① 다른 나라의 집
② 다른 나라의 옷
③ 다른 나라의 춤
④ 다른 나라의 음식
⑤ 다른 나라의 장난감

8 다른 나라의 재미있는 인사법과 모습을 바르게 선으로 이어 보세요.

(1)  •   • ㉠ 손은 가슴에 대고 미소 짓기

(2) •   • ㉡ 서로 안고 뺨을 번갈아 대기

9 다른 나라의 인사를 주고받으며 '안녕, 여러분' 놀이를 할 때 인사말로 바르지 <u>않은</u> 것은 어느 것인가요? ( )

① 봉주르
② 오하요
③ 슛 골인
④ 사왓디캅
⑤ 구텐 모르겐

10 겨울이 긴 알래스카에 사는 사람들이 지은 집은 무엇인가요? ( )

① 기와집   ② 얼음집
③ 물 위 집   ④ 풀 지붕 집
⑤ 둥근 천막집

11 다음 중 갈대 집을 표현한 작품에 ○표 하세요.

(1) 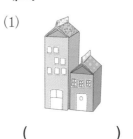   (2)

( )   ( )

12 오른쪽 사진의 인도를 대표하는 전통 음식은 어느 것인가요?
( )

① 카레   ② 스시   ③ 우동
④ 보르시   ⑤ 마파두부

13 다음 그림은 독일의 대표 음식을 색점토로 만든 것입니다. 무엇을 만든 것인지 쓰세요.

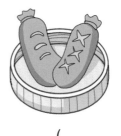

( )

겨울

14 다른 나라의 장난감을 친구에게 소개하려고 할 때 조사할 내용으로 바르지 <u>않은</u> 것은 어느 것인가요? (　　)

① 어느 나라의 장난감인가요?
② 장난감의 가격은 얼마인가요?
③ 가지고 노는 방법은 무엇인까요?
④ 어떤 장난감을 가지고 놀고 싶은가요?
⑤ 우리나라의 장난감과 비슷한 것이 있나요?

15 다음과 같은 과정으로 만든 러시아의 장난감은 무엇인가요? (　　)

| 크기가 다른 종이컵 세 개를 준비한다. |

| 사인펜이나 색종이 등으로 꾸민다. |

① 겐다마
② 부메랑
③ 링 우드
④ 걱정 인형
⑤ 마트료시카

16 다음은 '아비뇽 다리 위에서'의 노랫말입니다. 어느 나라의 노래인지 쓰세요.

> 아비뇽 다리 위
> 손에 손을 마주 잡고
> 즐겁게 춤추자
> 동그라미 그리며
> 멋쟁이 친구들은
> 이렇게 인사해요

(　　　　　　　)

17 다른 나라 친구를 만났을 때 지켜야 할 일을 잘못 말하는 친구는 누구인가요? (　　)

① 정우: 공공 예절을 잘 지켜.
② 호석: 힐끗힐끗 쳐다보지 않아.
③ 슬비: 소리를 지르며 멀리 도망가.
④ 성현: 미소 짓는 얼굴로 이야기해.
⑤ 원용: 도움을 요청할 때 친절하게 도와줘.

18 다음 사진의 민속춤에 대한 설명으로 바른 것은 어느 것인가요? (　　)

① 미국의 민속춤이다.
② 양발을 모으고 춤을 춘다.
③ 뉴질랜드 마오리족의 민속춤이다.
④ 남녀가 서로 마주보며 걷다가 악수한다.
⑤ 신사 숙녀의 단정한 옷차림을 하고 있다.

19 다음의 옷차림과 어울리는 미국의 전통춤은 무엇인지 쓰세요.

| 신사 숙녀의 단정한 옷차림 |

(　　　　　　　)

20 친구들의 민속춤 공연을 관람하는 바른 태도를 한 가지 쓰세요.

_____

_____

① 다음 지도를 보고 세계 여러 나라 중 가고 싶은 나라를 정하고 조사한 내용을 표로 정리해 보세요.

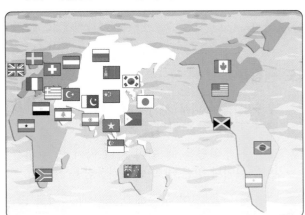

나라 이름	
가고 싶은 이유	
하고 싶은 것	

■ 알고 싶은 나라 조사하기

관심을 갖게 된 나라에 대한 조사 활동을 통해 세계 여러 나라의 문화와 유물, 자연 등을 알아봅니다.

② 미진이는 박물관에서 도움이 필요한 다른 나라 친구를 만났습니다. 다른 나라 친구를 대하는 바른 태도를 세 가지 쓰세요.

1	
2	
3	

■ 다른 나라 친구를 대하는 태도

피부색, 생김새 등 서로 다르지만 우리는 모두 인간으로서 존중받을 권리가 있습니다.

겨울잠을 자요

- 겨울잠을 자는 동물들: 곰, 다람쥐, 뱀, 고슴도치, 개구리, 너구리, 남생이 등
  ┗ 다람쥐와 비슷하게 생긴 청설모는 겨울잠을 자지 않습니다.

잠만 자도 괜찮을까

개구리	추우면 몸이 너무 차가워져서 죽을 수 있기 때문에 겨울에 땅속에서 겨울잠을 잔다.
뱀	날씨가 추워졌을 때 얼어 죽지 않기 위해 바깥보다 춥지 않은 바위 밑이나 얕은 땅속에서 겨울잠을 잔다.
곰	겨울에 먹을 것이 부족해서 가을에 먹이를 많이 먹은 후에 동굴에서 잠을 잔다.

┗ 물고기는 깊은 물속에서 몸을 거의 움직이지 않으며 지냅니다.

겨울잠을 자지 않아도 괜찮아요
┗ 겨울에 털이 더 많아집니다.

① 겨울잠을 자지 않는 동물: 호랑이, 여우, 고라니, 토끼, ❶청설모 등
② 겨울을 나는 곤충: 사마귀는 알로, 호랑나비는 번데기로 지냅니다.
겨울에 먹을 도토리를 모아 둡니다. ┛

내가 청설모라면

- 도토리 모으기 놀이: 여러 모둠으로 나눈 후 차례대로 몸의 여러 부분에 콩 주머니를 올려 바구니에 넣습니다. • 콩 주머니를 많이 모은 모둠이 이깁니다.

겨울은 너무 힘들어

- 동물의 겨울나기를 도울 수 있는 방법: 먹이가 부족한 동물에게 먹이 주기, 숲이나 산속에 곡식 놓아두기, 나뭇가지에 붙어 있는 알, 애벌레, 번데기를 함부로 건드리지 않기, 까치밥 남겨 두기 등

겨울철의 동물 친구들
┏ 벽면에 배경을 붙여 모둠 친구들과 역할을 정하고 이야기를 만들어 동물 인형극 놀이를 합니다.

- 동물 인형극 놀이에 필요한 소품 만들기: 재료 준비하기 ⇨ 동물 그림을 선택한 후 색칠하기 ⇨ 색칠한 동물 그림의 뒷면에 나무 젓가락 붙이기 ⇨ 도화지에 겨울 숲속 배경을 그리고 색칠하기

동물들을 도와주세요!

- 동물들의 겨울나기를 돕는 홍보 활동하기: 친구들과 동물 가면을 만든 후에 동물을 보호하기 위해 알리고 싶은 내용을 정하고 학교 안에서 홍보 활동을 해 봅니다.

겨울눈아, 넌 누구니

- 학교 주변의 나무들을 관찰하여 겨울눈을 그려 봅니다.
  ┗ 돋보기로 관찰합니다.

✤ 겨울잠을 자는 동물 흉내 내며 놀이하기

① 의자를 동그랗게 놓고 앉아 겨울잠을 자는 동물을 네 가지 정합니다.
② 술래가 앉은 순서대로 동물을 정해 줍니다.
③ 술래가 선택한 친구는 술래에게 질문합니다.
  예 누가 겨울잠을 자러 가나요?
④ 술래가 자러 간다고 말한 동물인 친구들은 그 동물의 흉내를 내며 자리를 옮깁니다.
⑤ 자리에 앉지 못한 친구가 술래가 됩니다.

✤ 겨울눈

- 잎이 떨어진 나무에 추위를 견디고 봄에 잎이나 꽃이 날 수 있도록 보호하는 역할을 합니다.

낱말 풀이

❶ 청설모 다람쥐보다 조금 크고 짙은 갈색의 털이 나 있으며, 나무 위에서 사는 동물.

❷ 볏짚 벼의 낟알을 떨어내고 남은 줄기와 잎.

겨울눈아, 널 담을래
- 겨울눈 액자 만들기: 떨어진 나뭇가지 주워오기 ⇨ 액자 만들고 꾸미기 ⇨ 겨울눈을 만들고 액자에 붙이기 ⇨ 겨울눈 액자 완성하기
  └→ 나뭇가지를 잘라 목공풀로 붙이고 고무찰흙으로 겨울눈을 만듭니다.

식물의 겨울나기
- 식물의 겨울나기: 나무(목련, 은행나무 등)는 대부분 겨울눈으로 겨울을 보내고 들꽃(옥수수, 해바라기, 벼 등)은 씨앗으로 겨울을 보냅니다.

이렇게 지켜 줘요
- 겨울철 식물을 보호하는 방법: 실외에 있는 화분을 실내로 들여오고 나무에 ❷볏짚을 둘러 줍니다. └→ 화단에 방풍막을 해 주고, 영양제를 꽂아 줍니다.

어떤 새를 만날 수 있을까

여름에 볼 수 있는 새	물총새, 백로, 왜가리, 해오라기, 노랑할미새, 참새, 까치, 원앙, 꿩, 딱새, 흰뺨검둥오리 등
겨울에 볼 수 있는 새	고니, 청둥오리, 따오기, 참새, 까치, 원앙, 꿩, 딱새, 흰뺨검둥오리 등

└→ 참새, 까치, 원앙, 꿩, 딱새, 흰뺨검둥오리는 여름과 겨울에 모두 볼 수 있습니다.

날아라! 종이 새
- 종이 새 만들기: 종이를 길게 자른 후 반으로 접기 ⇨ 접힌 부분을 조금 남기고 비스듬하게 자르기 ⇨ 앞부분을 조금씩 세 번 접기 ⇨ 다시 반으로 접은 후 책 끝에 대고 손톱으로 눌러 날개 주름 만들기 ⇨ 펼친 상태에서 한쪽 부분만 다시 반대로 주름 만들기 ⇨ 초록 테이프를 종이 새 앞부분에 붙여 종이 새 완성하기

줄넘기를 해요
- 여러 가지 방법으로 넘기: 혼자 넘기, 둘이 넘기, 여럿이 넘기 등

방학 계획을 세워요
- 실천 가능한 계획인지를 먼저 생각하고 하루의 계획과 방학 동안의 계획을 세워 겨울 방학 생활 계획표를 만듭니다.

3학년을 준비해요
- 3학년이 되면 달라지는 점을 살펴보고 이루고 싶은 다짐을 써 봅니다. └→ 새로운 교과서로 공부하고 과목 수와 수업 시간이 많아집니다. 새로운 교실에서 새로운 친구들과 공부합니다.

바로바로 체크

1 겨울철 동물들의 모습으로 바른 것은 ○표, 바르지 않은 것은 ×표 하세요.
(1) 곰은 바위 밑에서 겨울잠을 잔다. ( )
(2) 호랑이는 겨울잠을 자지 않는다. ( )

2 다음 사진과 같이 나무 끝에 뾰족하거나 둥글게 생긴 것을 무엇이라고 하나요?

( )

3 다음 빈칸에 들어갈 알맞은 말을 쓰세요.

> 물총새, 백로, 왜가리, 해오라기는 □□에 볼 수 있는 새이다.

( )

4 다음 그림의 친구가 하는 운동은 무엇인지 쓰세요.

( )

● 정답
1. (1) ×, (2) ○ 2. 겨울눈
3. 여름 4. 줄넘기

1 다음 중 겨울잠을 자는 동물은 어느 것인가요? (   )

①
▲ 다람쥐

②
▲ 청설모

③
▲ 여우

④
▲ 고라니

※중요

2 뱀이 겨울잠을 자는 모습을 바르게 이야기한 친구의 이름을 쓰세요.

> • **진우**: 동굴의 천장에 매달려서 잠을 자.
> • **민정**: 바위 밑이나 얕은 땅속에서 잠을 자.
> • **민주**: 가을에 먹이를 많이 먹은 후에 동굴에서 잠을 자.

(   )

3 물고기가 겨울을 보내는 방법으로 바른 것은 어느 것인가요? (   )

① 번데기의 모습으로 지낸다.
② 바위 밑이나 얕은 땅속에서 지낸다.
③ 낙엽 밑으로 들어가 그 안에서 지낸다.
④ 먹이를 많이 먹은 후 동굴에서 지낸다.
⑤ 깊은 물속에서 몸을 거의 움직이지 않으며 지낸다.

4 다음 동물들의 공통점은 무엇인가요?
(   )

> 호랑이, 여우, 고라니, 토끼

① 겨울에 털이 많아진다.
② 털 색깔이 검은색이다.
③ 도토리를 먹으며 산다.
④ 겨울잠을 자는 동물이다.
⑤ 등이 딱딱하며 꼬리가 길다.

5 도토리 모으기 놀이에 대한 설명으로 바르지 않은 것은 어느 것인가요? (   )

① 몸 위에 콩 주머니를 놓고 달린다.
② 여러 모둠으로 나누어 놀이를 한다.
③ 콩 주머니를 적게 모은 모둠이 이긴다.
④ 도토리를 모으는 청설모를 흉내 낸 놀이이다.
⑤ 차례대로 몸의 여러 부분에 콩 주머니를 올려 바구니에 넣는다.

서술형

6 동물들이 추운 겨울을 이겨낼 수 있게 도울 수 있는 방법은 무엇인지 쓰세요.

_____

_____

_____

7 다음 보기 에서 동물 인형극 놀이에 필요한 소품 만드는 방법을 순서대로 기호를 쓰세요.

보기
ㄱ 동물 그림을 선택한 후 색칠한다.
ㄴ 동물 인형극 놀이에 필요한 재료를 준비한다.
ㄷ 도화지에 겨울 숲속 배경을 그리고 색칠한다.
ㄹ 색칠한 동물 그림의 뒷면에 나무젓가락을 붙인다.

(→   →   →   )

8 동물들의 겨울나기를 돕는 홍보 활동은 무엇을 얼굴에 쓰면서 하는지 쓰세요.

(   )

9 다음에서 설명하는 것은 무엇인가요?

(   )

• 추위를 견디기 위해 만든 것이다.
• 나무 끝에 뾰족하거나 둥글게 생겼다.
• 만지면 부드럽거나 까칠까칠할 것 같다.

① 이끼   ② 뿌리   ③ 낙엽
④ 씨앗   ⑤ 겨울눈

10 오른쪽 사진을 관찰할 때 필요한 준비물은 무엇인가요? (   )

① 돋보기   ② 나침반
③ 지구본   ④ 콩 주머니
⑤ 나무젓가락

11 식물의 겨울나기를 잘못 이야기하는 친구는 누구인지 쓰세요.

• **슬비**: 목련은 겨울눈으로 겨울을 보내.
• **원용**: 은행나무는 씨앗으로 겨울을 보내.
• **성현**: 해바라기와 옥수수는 씨앗으로 겨울을 보내.

(   )

12 다음 보기 에서 겨울철 식물을 보호하는 방법을 모두 골라 기호를 쓰세요.

보기
ㄱ 뜨거운 물을 준다.
ㄴ 나뭇가지를 모두 꺾는다.
ㄷ 나무에 볏짚을 둘러 준다.
ㄹ 실외에 있는 화분을 실내로 들여온다.
ㅁ 화분이나 나무에 영양제를 꽂아 준다.

(,   ,   )

13 다음 새들의 공통점은 무엇인지 쓰세요.

참새, 까치, 원앙, 꿩, 딱새, 흰뺨검둥오리

_____

_____

겨울

☆중요☆

14 우리나라에서 겨울에 볼 수 있는 새를 찾아 ○표 하세요.

(1) ▲ 왜가리
(   )

(2) ▲ 청둥오리
(   )

15 다음과 같은 과정을 거쳐 완성된 작품은 무엇인가요?

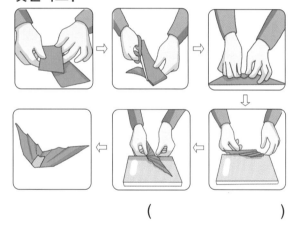

(   )

16 다음에서 설명하는 운동은 무엇인가요?
(   )

> • 줄을 돌리며 뛰어넘는 운동이다.
> • 혼자 넘기, 둘이 넘기, 여럿이 넘기 등 다양한 넘기 방법이 있다.

① 축구
② 농구
③ 스키
④ 달리기
⑤ 줄넘기

17 오른쪽과 같이 줄을 넘는 방법은 어느 것인가요? (   )

① 혼자 넘기
② 둘이 넘기
③ 여럿이 넘기
④ 한 발로 넘기
⑤ 가위바위보 뛰기

18 겨울 방학 생활 계획표를 만드는 방법으로 바르지 않은 것은 어느 것인가요? (   )

① 생활 계획표에 시간을 표시한다.
② 실천할 내용을 시간에 맞춰 적는다.
③ 하기 싫은 일은 생활 계획표에 넣지 않는다.
④ 생활 계획표를 어떤 모양으로 만들지 생각해 본다.
⑤ 장식한 그림이나 하루 일과 내용 등에 예쁘게 색칠한다.

19 3학년이 되면 달라지는 것을 두 가지 고르세요. (,   )

① 과목 수
② 학교 건물
③ 등교 시간
④ 교실 크기
⑤ 수업 시간

20 3학년이 되면 하고 싶은 일을 잘못 말한 친구는 누구인가요? (   )

① 지운: 스스로 숙제를 할 거야.
② 순성: 부모님 말씀을 잘 들을 거야.
③ 강현: 친구들과 사이좋게 지낼 거야.
④ 영호: 늦게까지 컴퓨터 게임을 할 거야.
⑤ 선우: 몸을 튼튼히 하기 위해서 매일 줄넘기를 할 거야.

1 다음 사진은 겨울잠을 자지 않는 동물과 곤충, 물고기의 모습입니다. 이들의 겨울나기 방법은 무엇인지 쓰세요.

▲ 청설모 　　　▲ 호랑나비 　　　▲ 쏘가리

청설모	
호랑나비	
쏘가리	

■ 여러 동물의 겨울나기 모습

가을이 되어 해가 짧아지면서 동물들은 겨우살이를 준비하기 시작하는데, 동물에 따라 겨우살이를 준비하는 모습도 다양합니다. 대부분이 이제까지 살았던 곳을 크게 벗어나지 않지만, 추위가 오기 전에 따뜻하고 먹이가 많은 곳으로 이동하는 동물도 있습니다.

2 서현이는 친구들이 만든 겨울 방학 생활 계획표를 감상하고 겨울 방학 생활 계획표를 만들려고 합니다. 생활 계획표를 만들 때 주의할 점을 세 가지 쓰세요.

1	
2	
3	

■ 방학 생활 계획표

방학 동안의 하루 일과를 계획하여 적은 표를 방학 생활 계획표라고 합니다.

쉬는 시간

쿠푸왕의 대 피라미드 이야기

엄마, 세계의 7대 불가사리가 뭐예요?

불가사리가 아니고 불가사의겠지.

불가사의란 사람의 상식으로 이해가 안 되는 신비한 것들을 말하는 건데, 그 첫 번째가 바로 이집트에 있는 쿠푸왕의 대피라미드야.

약 4500년 전, 대피라미드에는 모두 약 700만 톤의 돌이 사용되었으며, 2.5톤이나 되는 돌을 230만 개를 이용하여 쌓았대. 당시에 그 정도의 피라미드를 만들려면 10만 명의 사람들이 20년 정도 일을 해야 가능한 거야!

그 뿐만이 아니야. 대 피라미드 안에 과일이나 생선을 넣어두면 신기하게도 부패가 되지 않는대. 또, 쓰던 면도날을 넣어두면 날이 새것으로 변하고, 그 안에 사람이 들어가면 스트레스도 풀리고 잃어버린 기억도 되살아나는 효과가 있대.

흠, 피라미드 안에 면도날을 넣어두면 새것이 된다고?

그럼 우리도 만들어 시험해 볼까?

혹시 알아, 지선이 네가 그 안에 들어가면 예뻐질지?

뭐야? 그보다는 오빠가 들어가서 똑똑해져야 하지 않을까??

어휴, 정신없어.

마무리 평가

차례

1~2

엄마는
날 보고
도깨비바늘이래요.
엄마에게
꼬옥 붙어
안 떨어진다고
ㅡ아유,
　요 예쁜 도깨비바늘아!
그래요.

[1. 장면을 떠올리며]

1 엄마께서 '나'를 도깨비바늘이라고 하신 까닭은 무엇인가요? (　　　)

① 도깨비바늘을 키우고 있어서
② 엄마에게 꼬옥 붙어 안 떨어져서
③ 도깨비바늘처럼 뾰족하게 생겨서
④ 도깨비바늘을 많이 붙이고 다녀서
⑤ 엄마께 무서운 도깨비처럼 달려들어서

[1. 장면을 떠올리며]

2 이 시의 내용과 비슷한 경험을 생각하며 장면을 떠올린 친구는 누구인지 이름을 쓰세요.

> **미소**: 텃밭을 가꾸시는 할머니 뒤를 졸졸 따라 다닌 적이 있는데 그때 내 모습이 꼭 도깨비바늘과 비슷한 것 같아.

> **영훈**: 친구들과 동산에 올랐다가 도깨비바늘이 옷에 잔뜩 붙어서 웃었던 적이 있어.

(　　　　　　　)

3~4

　일요일 아침, 어머니 방에 머리 방울을 찾으러 갔다. 머리 방울을 들고 나오다가 달력에 '생일'이라고 쓰여 있고 동그라미가 표시된 것을 보았다.
　'㉠누구 생일이지'
하고 생각하다가 깜짝 놀랐다. 어머니 ㉡생신이었다
　'무슨 선물을 드리지?'
하고 생각하다가 어머니 얼굴을 정성껏 그려 드리기로 했다.

[2. 인상 깊었던 일을 써요]

3 글쓴이가 깜짝 놀란 까닭은 무엇인가요?
(　　　)

① 머리 방울이 사라져서
② 어머니 생신이 지나가서
③ 어머니가 깜짝 놀라게 해서
④ 어머니께 그림을 선물로 받아서
⑤ 어머니 생신을 모르고 지나갈 뻔해서

[2. 인상 깊었던 일을 써요]

4 ㉠과 ㉡에 들어갈 알맞은 문장 부호를 쓰세요.

(1) ㉠ 누구 생일이지 ⬚

(2) ㉡ 생신이었다 ⬚

[3. 말의 재미를 찾아서]

5 다음 수수께끼의 답으로 알맞은 것은 어느 것인가요? (　　　)

> 콧구멍에 손을 넣어 움직이면 다리로 일하는 것은?

① 풀　　　② 가위　　　③ 연필
④ 색종이　　⑤ 지우개

6~7

미니와 엄마는 곳곳을 살펴보았어요.
공원 안도 찾아보고 공원 밖도 찾아보았지요.
하지만 미니가 찾은 것은 신발 한 짝뿐이었어요.
"그 강아지 신발이구나."
엄마가 말했어요.
"어디 있는 거니, 멍멍아?"
미니는 눈물이 났어요.

[4. 인물의 마음을 짐작해요]

6 미니가 운 까닭은 무엇인지 쓰세요.

_____

[4. 인물의 마음을 짐작해요]

7 미니의 마음에 어울리는 행동으로 알맞은 것에 ◯표를 하세요.

(1)   (2)

(   )   (   )

[5. 간직하고 싶은 노래]

8 밑줄 그은 낱말이 틀린 문장은 어느 것인가요? (   )

① 연필을 깎았다.
② 읽은 책을 정리했다.
③ 떡볶이를 만들어 먹었다.
④ 청소를 하니 방이 넓어진 것 같다.
⑤ 낙엽을 발브니 바스락 소리가 난다.

9~10

㉠제 동생은 이수빈이고 여자아이입니다. ㉡나이는 일곱 살입니다. ㉢눈이 크고 동그랗습니다. 수빈이는 요리하는 것을 좋아해 어머니께서 요리하실 때 옆에서 많이 도와드립니다. 그리고 ㉣수빈이는 그림을 잘 그립니다. 혼자서 책상 앞에 앉아 그림을 척척 그립니다. 그림 그리기 대회에서 여러 번 상을 받았습니다. ㉤나중에 커서 화가가 되는 것이 꿈입니다.

[6. 자세하게 소개해요]

9 수빈이가 좋아하는 것은 무엇인지 쓰세요.

(   )

[5. 낱말을 바르고 정확하게 써요]

10 ㉠~㉤ 가운데에서 장래 희망에 대해 쓴 것은 어느 것인가요? (   )

① ㉠   ② ㉡   ③ ㉢
④ ㉣   ⑤ ㉤

[5. 낱말을 바르고 정확하게 써요]

11 글자와 다르게 소리 나는 낱말은 어느 것인가요? (   )

① 노래를   ② 즐거운
③ 깨끗이   ④ 만드는
⑤ 취미가

12~13

거인은 부끄러운 듯 고개를 푹 숙이고 중얼거렸어요.
"내가 나빴어. 그동안 나는 참 욕심쟁이였어."
거인은 현관문을 열고 정원으로 나갔어요.
"앗, 거인이다!"
아이들은 겁을 먹고 뿔뿔이 달아나 버렸어요.
거인은 정원 구석에 남아 있던 작은 아이의 뒤로 살금살금 다가가 살며시 아이를 안아 나무 위에 앉혀 주었어요. 그 순간 나무가 꽃망울을 활짝 터뜨리고 새들이 날아와 즐겁게 노래를 불렀어요. 그러자 달아났던 아이들이 모두 정원으로 돌아왔어요. 거인은 환하게 웃으며 아이들에게 말했어요.
"얘들아, 이제부터 여긴 너희 거야."
거인은 정원의 높은 담을 걷어 냈어요. 그날부터 아이들은 정원에서 마음껏 뛰어놀았지요.

[7. 일이 일어난 차례를 살펴요]

12 거인이 아이를 안아 나무 위에 앉혀 주었을 때 일어난 일이 <u>아닌</u> 것을 모두 고르세요.

(,   )

① 나무가 꽃망울을 터뜨렸다.
② 아이의 키가 거인보다 더 커졌다.
③ 아이가 거인의 뺨에 입을 맞추었다.
④ 새들이 날아와 즐겁게 노래를 불렀다.
⑤ 달아났던 아이들이 정원으로 돌아왔다.

[7. 일이 일어난 차례를 살펴요]

13 아이들이 정원에서 노는 모습을 본 거인의 마음으로 알맞은 것은 어느 것인가요?

(   )

① 흐뭇함   ② 부러움
③ 두려움   ④ 외로움
⑤ 지루함

[8. 바르게 말해요]

14 ( ) 안의 알맞은 낱말에 ○표를 하세요.

> (1) 나와 형은 생김새가 조금 (다르다, 틀리다).

> (2) 토끼가 코끼리보다 크다는 말은 (다른, 틀린) 말이다.

15~16

가 요즘 줄임 말이 유행한다. 어떤 친구는 줄임 말을 심하게 쓰기도 한다. 줄임 말이 심하면 이해하기가 힘들다. 특히 선생님이나 어머니와 대화하기가 어렵다. 줄임 말을 함부로 쓰지 말자.

나 바른 말을 써야 하는데 요즘 우리는 바른 말을 잘 안 쓰고 줄임 말을 함부로 써서 문제도 많고, 앞으로 바른 말을 쓰면 어떨까?

[8. 바르게 말해요]

15 글 **가**와 글 **나**에서 글쓴이가 말하고 싶은 내용은 무엇인지 쓰세요.

(1) 글 **가**: (   )
(2) 글 **나**: (   )

서술형

[8. 바르게 말해요]

16 글 **가**와 글 **나** 가운데에서 자신의 생각이 더 잘 나타나 있는 글과 그렇게 생각한 까닭을 쓰세요.

(1) 생각이 더 잘 나타나 있는 글: (   )

(2) 그렇게 생각한 까닭: _____

17~18

첫째, 숲속의 식물은 스스로 맑은 공기를 만들어 냅니다. 그래서 숲속에서는 시원하고 깨끗한 공기를 마실 수 있어 건강을 지킬 수 있습니다.

둘째, 숲은 큰비가 내려도 흙이 잘 쓸려 나가지 않아 산사태를 예방해 줍니다. 나무가 쓰러지지 않기 위해 흙 속에 뿌리를 단단히 고정하고 있기 때문입니다. 흙이 도망가지 못하게 잔뿌리들이 흙을 잡아 두고 있지요. 그리고 숲에 쌓여 있는 낙엽은 빗물에 흙이 쓸려 가는 것을 막아 주지요.

셋째, 숲은 사람의 마음을 편안하게 해 줍니다. 숲의 초록 빛깔은 사람의 마음을 가장 편안하게 해 주는 색깔이라고 해요. 그리고 나무들이 벌레로부터 몸을 보호하기 위해 내뿜는 향기가 사람의 마음을 편안하게 해 줍니다.

숲은 우리에게 많은 도움을 줍니다. 숲이 우리에게 주는 도움은 돈을 주고도 살 수 없는 것들이에요. 그래서 숲이 사라지지 않도록 아끼고 잘 가꾸어야 해요.

「숲은 돈을 주고도 살 수 없어요」, 김남길

[9. 주요 내용을 찾아요]

17 숲이 우리에게 주는 도움으로 알맞지 <u>않은</u> 것은 어느 것인가요? (   )

① 산사태를 예방해 준다.
② 사람의 마음을 편안하게 해 준다.
③ 스스로 맑은 공기를 만들어 낸다.
④ 깨끗한 공기를 마실 수 있게 해 준다.
⑤ 추운 겨울을 따뜻하게 보낼 수 있게 해 준다.

[9. 주요 내용을 찾아요]

18 이 글을 통해 글쓴이가 하고 싶은 말은 무엇인가요? (   )

① 숲을 없애자.
② 숲을 더 개발하자.
③ 숲을 돈을 주고 사자.
④ 숲을 아끼고 보호하자.
⑤ 숲에서 먹을 것을 구하자.

[10. 칭찬하는 말을 주고받아요]

19 그림을 보고 칭찬하는 말을 하고 있는 지수에게 해 줄 말은 무엇인가요? (   )

① 부풀려서 칭찬해야 해.
② 잘못하는 점을 찾아 말해야 해.
③ 빈정거리는 말투로 칭찬해야 해.
④ 칭찬할 내용이 없으면 꾸며서 말해야 해.
⑤ 칭찬하는 내용이 잘 나타나게 칭찬해야 해.

[11. 실감 나게 표현해요]

20 ㉠을 표현하는 방법으로 알맞은 것은 어느 것인가요? (   )

> **여우:** 넌 어디에 가는 길이니?
> **피노키오:** 나는 학교에 가는 중이야.
> **여우:** 피노키오야, 학교에 가지 말고 재미있는 구경 갈래?
> **피노키오:** 어? 하지만 나는 학교에 가야 하는걸?
> **여우:** 나와 함께 가면 정말 재미있는 공연을 볼 수 있어.
> **피노키오:** ㉠하루쯤은 괜찮겠지? 그래, 좋아.

① 잘난 척하듯이 큰소리로
② 얼굴을 찡그리고 울먹이며
③ 걱정하는 목소리로 빠르게
④ 혼잣말하듯이 작은 목소리로
⑤ 친한 척하듯이 부드러운 목소리로

[1. 네 자리 수]

1 숫자 3이 나타내는 값이 가장 작은 수는 어느 것인가요? (   )

① 3285
② 2385
③ 2358
④ 5832
⑤ 2853

[1. 네 자리 수]

2 뛰어 세는 규칙에 맞게 빈칸에 알맞은 수를 써넣으세요.

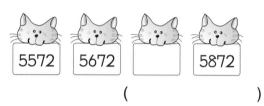

| 5572 | 5672 | | 5872 |

(   )

[1. 네 자리 수]

3 수 카드 4장을 한 번씩만 사용하여 네 자리 수를 만들려고 합니다. 백의 자리 숫자가 4인 가장 큰 수는 무엇인가요?

2 6 4 9

(   )

[1. 네 자리 수]

4 네 자리 수의 크기를 비교했습니다. 0부터 9까지의 수 중에서 □ 안에 들어갈 수 있는 수를 모두 써 보세요.

2679 < 2 □ 74

(   )

[2. 곱셈구구]

5 7의 단 곱셈구구의 값에 색칠하고 모두 몇 개인지 개수를 쓰세요.

30	51	62	15
12	63	35	25
13	56	42	82
27	55	36	20

(   )개

[2. 곱셈구구]

6 리호가 화살 3개를 쏘아 다음과 같은 결과를 얻었습니다. 리호가 얻은 점수의 전체 합을 구하세요.

점수판의 수	0	2	4	6
맞힌 횟수(번)	1	1	0	1
점수(점)	0×1=0			

(   )점

서술형

[2. 곱셈구구]

7 채집통에는 개미 3마리와 거미 4마리가 들어 있습니다. 이 동물들의 다리는 모두 몇 개인지 풀이 과정을 쓰고 답을 구하세요.

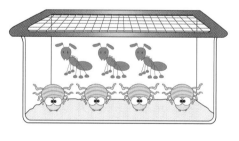

_____

_____

(   )개

8 다음 계산이 옳지 <u>않은</u> 것은 어느 것인가요? (   )

[3. 길이 재기]

① 1 m 25 cm+3 m 54 cm=4 m 79 cm
② 2 m 23 cm+5 m 67 cm=7 m 90 cm
③ 5 m 15 cm+6 m 23 cm=11 m 38 cm
④ 4 m 28 cm+8 m 45 cm=12 m 64 cm
⑤ 5 m 42 cm+7 m 54 cm=12 m 96 cm

9 길이가 1 m 25 cm인 고무줄이 있습니다. 이 고무줄을 양쪽에서 당겼더니 342 cm가 되었습니다. 늘어난 길이는 몇 m 몇 cm인지 구하세요.

[3. 길이 재기]

(   )

10 수 카드 3장을 한 번씩 사용하여 가장 짧은 길이를 만들고, 그 길이와 3 m 26 cm와의 합을 구해 보세요.

[3. 길이 재기]

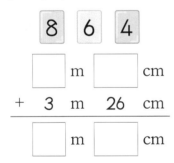

```
      [   ] m  [   ] cm
  +    3  m   26  cm
  ─────────────────────
      [   ] m  [   ] cm
```

11 오른쪽 서랍장 한 칸의 높이가 약 35 cm일 때 혜원이의 키는 약 몇 m 몇 cm인가요?

[3. 길이 재기]

약 (   )

12 다음은 재홍이가 수영 강습을 받기 시작한 시각과 끝난 시각입니다. 재홍이가 수영 강습을 받는 데 걸린 시간은 몇 분인지 쓰세요.

[4. 시각과 시간]

시작한 시각   끝난 시각

(   )분

13 하윤이네 가족의 여행 일정표입니다. 하윤이네 가족이 여행하는 데 걸린 시간은 모두 몇 시간인가요?

[4. 시각과 시간]

시간	할 일
7:00~10:00	서울에서 강릉으로 이동
10:00~12:00	오죽헌 견학하기
12:00~1:00	점심 식사
1:00~4:00	경포대에서 해수욕하기
4:00~6:00	참소리 박물관 견학하기
6:00~7:00	저녁 식사
7:00~10:00	강릉에서 서울로 이동

(   )시간

서술형

14 어떤 연극단이 '바보 온달과 평강 공주'를 10월 23일부터 11월 17일까지 공연한다고 합니다. 공연을 하는 기간은 며칠인지 풀이 과정을 쓰고 답을 구하세요.

[4. 시각과 시간]

_____

_____

(   )일

마무리 평가

✿승아네 반 학생들이 좋아하는 채소를 조사한 자료입니다. 물음에 답하세요. [15~17]

〈승아네 반 학생들이 좋아하는 채소〉

승아	태현	서훈	두리
보리	진구	인성	로이
서준	창욱	은경	인재

[5. 표와 그래프]

15 위 자료를 보고 표로 나타내어 보세요.

〈승아네 반 학생들이 좋아하는 채소별 학생 수〉

채소	양파	당근	감자	브로콜리	합계
학생 수 (명)					

[5. 표와 그래프]

16 ○를 이용하여 그래프로 나타내어 보세요.

5				
4				
3				
2				
1				
학생 수(명)/채소	양파	당근	감자	브로콜리

[5. 표와 그래프]

17 위 16번 그래프를 보고 바르게 말한 사람은 누구인지 이름을 쓰세요.

> 가장 많은 학생들이 좋아하는 채소는 양파야.

> 로이가 어떤 채소를 좋아하는지 알 수 있어.

 은경   민재

( )

[6. 규칙 찾기]

18 다음은 곱셈표의 일부입니다. ★에 들어갈 수와 같은 수가 들어가는 곳의 기호를 쓰세요.

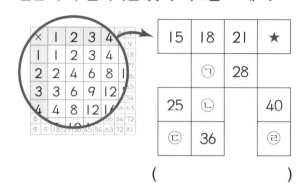

15	18	21	★
	㉠	28	
25	㉡		40
㉢	36		㉣

( )

[6. 규칙 찾기]

19 규칙을 찾아 □ 안에 알맞은 모양을 그려 보세요.

[6. 규칙 찾기]

20 8월 달력의 일부분이 찢어져 있습니다. 8월의 토요일은 모두 몇 번 있나요?

8월

일	월	화	수	목	금	토
					1	2	3
4	5	6	7	8	9	

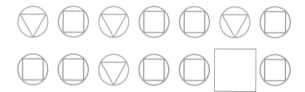

( )번

가을

[1. 동네 한 바퀴]

1 동네를 탐험하기 위한 방법으로 바르지 <u>않은</u> 것은 어느 것인가요? (   )

① 학교를 중심으로 살펴볼 구역을 정한다.
② 동네를 탐험하면서 지켜야할 규칙을 정한다.
③ 살펴본 내용을 기록하기 위해 장난감을 준비한다.
④ 동네를 살펴본 내용을 글, 그림, 사진 등으로 정리한다.
⑤ 우리 동네에 대해 궁금하거나 더 알고 싶은 것을 생각해 본다.

[1. 동네 한 바퀴]

2 다음에서 설명하는 직업은 무엇인가요?
(   )

> • 안전한 동네를 위해 일한다.
> • 119에 신고가 들어오면 출동한다.
> • 사고 현장에서 사람들을 구하고 불을 끈다.

① 의사   ② 가수   ③ 교사
④ 소방관   ⑤ 간호사

[1. 동네 한 바퀴]

3 다음 그림의 놀이에서 친구들이 모으고 있는 것은 무엇인지 쓰세요.

(   )

[1. 동네 한 바퀴]

4 다음 도구들은 어떤 직업 놀이를 할 때 필요한 준비물인가요? (   )

▲ 흰 가운

▲ 치아 관찰용 막대

① 의사
② 교사
③ 과학자
④ 집배원
⑤ 환경미화원

[1. 동네 한 바퀴]

5 '목도소리' 노랫말을 보고 떠오르는 모습을 보기 에서 골라 기호를 쓰세요.

| 어 | 여 | 차 | | 어 | 여 | 차 | | 발 | | 을 | | 어 | 여 | 차 |
| 맞 | 추 | 고 | | 어 | 여 | 차 | | 어 | 여 | 차 | | 어 | 여 | 차 |

> **보기**
> ㉠ 독 장수가 독을 파는 모습
> ㉡ 식물이 겨울을 나는 모습
> ㉢ 마을 사람들이 발을 맞추어 걸어가는 모습

(   )

[2. 가을아 어디 있니]

6 친구들이 말하는 다음 소리들이 들리는 계절은 언제인지 쓰세요.

> • **장운**: 풀밭에서 귀뚜라미 소리가 들려.
> • **강현**: 나뭇잎이 바람에 흔들리는 소리가 들려.
> • **지운**: 낙엽을 밟으니 바스락거리는 소리가 들려.

(   )

[2. 가을아 어디 있니]

7 가을이 되면서 여름과 달라진 점을 한 가지 쓰세요.

_____

_____

[2. 가을아 어디 있니]

8 가을철에 사람들의 나들이 모습으로 바르지 않은 것은 어느 것인가요? (　　)

①
②
③
④

[2. 가을아 어디 있니]

9 다음 수수께끼에서 말하는 가을 열매는 무엇인가요? (　　)

> • 새콤달콤한 맛이 난다.
> • 빨간색 옷을 입고 있다.
> • 그냥 먹어도 되지만 사람들은 깎아서 먹는다.

① 귤　　　② 밤　　　③ 배
④ 사과　　⑤ 배추

[2. 가을아 어디 있니]

10 빈칸에 들어갈 알맞은 말은 어느 것인가요? (　　)

> 민지: ☐란 버스에 먼저 차고 싶어도 차례차례 줄을 서는 것이라고 생각해.

① 친구　　② 이웃　　③ 예절
④ 질서　　⑤ 노력

겨울

[1. 두근두근 세계 여행]

11 다음 중 일본의 국기는 어느 것인가요? (　　)

①
②
③
④

[1. 두근두근 세계 여행]

12 다음 사진의 장소를 볼 수 있는 나라는 어디인지 쓰세요.

(　　　　　)

[1. 두근두근 세계 여행]

13 다른 나라의 친구들이 하는 말은 어떤 상황에서 하는 말인가요? (　　)

> • 도노반: 굿모닝
> • 그리즈만: 봉주르
> • 노이어: 구텐 모르겐

① 인사
② 사과
③ 부탁
④ 용서
⑤ 분노

14 오른쪽 사진의 집에 대한 설명으로 바른 것은 어느 것인가요? ( )

[1. 두근두근 세계 여행]

① 진흙으로 만든 작은 오두막집이다.

② 버섯 모양의 풀로 만든 지붕이 있다.

③ 겨울에도 추위를 견딜 수 있는 튼튼한 집이다.

④ 눈을 큰 벽돌 모양으로 잘라 둥글게 쌓은 집이다.

⑤ 물가에 나무로 기둥을 만들어 그 위에 집을 지었다.

[1. 두근두근 세계 여행]

15 이탈리아를 대표하는 다음 음식은 무엇인지 쓰세요.

( )

[2. 겨울 탐정대의 친구 찾기]

16 다음에서 설명하는 동물의 겨울나기 방법은 무엇인가요? ( )

- 동물이 겨울을 나기 위해 활동을 멈추고 숨만 쉬는 것을 말한다.
- 다람쥐, 곰, 뱀, 개구리 등의 동물들이 겨울을 나는 방법이다.

① 여름잠

② 겨울잠

③ 털갈이

④ 겨울눈

⑤ 줄넘기

서술형

[2. 겨울 탐정대의 친구 찾기]

17 동물의 겨울나기를 돕기 위해 내가 할 수 있는 일을 한 가지 쓰세요.

[2. 겨울 탐정대의 친구 찾기]

18 겨울 나무가 추위를 견디기 위해 만든 것은 무엇인지 쓰세요.

( )

[2. 겨울 탐정대의 친구 찾기]

19 겨울철에 식물을 보호하기 위한 방법으로 바르지 않은 것은 어느 것인가요? ( )

① 나무에 볏짚은 둘러 준다.

② 화단에 설치된 방풍막을 치운다.

③ 화분을 비닐이나 천으로 감싼다.

④ 화분이나 나무에 영양제를 꽂아 준다.

⑤ 실외에 있는 화분을 실내로 들여온다.

[2. 겨울 탐정대의 친구 찾기]

20 다음 중 겨울에 볼 수 있는 새가 아닌 것은 어느 것인가요? ( )

①
▲ 물총새

②
▲ 까치

③
▲ 청둥오리

④
▲ 꿩

1~2

논바닥에 날아와 앉은 황새가 성큼성큼 걸었어요.

"성큼성큼 걷는다."

"성큼성큼 걷는다."

몇 걸음 걷던 황새가 이리 저리 기웃기웃 살폈어요.

"기웃기웃 살핀다."

"기웃기웃 살핀다."

살피던 황새가 논바닥의 우렁이 한 마리를 보고 콕 찍어 잡아먹었어요.

"㉠콕 집어 먹는다."

"콕 집어 먹는다."

빨간 코 농부 아저씨가 갑자기 손뼉을 탁 치면서

"예끼, 이놈!"

했어요.

할아버지도

"예끼, 이놈!"

하고 따라 했어요.

[1. 장면을 떠올리며]

1 황새가 걷는 모습을 흉내 내는 말을 찾아 쓰세요.

(   )

[1. 장면을 떠올리며]

2 ㉠에 어울리는 장면으로 알맞은 것은 어느 것인가요? (   )

①  ②

③  ④

[2. 인상 깊었던 일을 써요]

3 겪은 일의 차례를 생각이나 느낌이 잘 드러나게 글로 쓸 때 주의할 점으로 알맞지 않은 것은 어느 것인가요? (   )

① 맞춤법에 맞게 쓴다.

② 대화하는 글을 넣어 쓴다.

③ 문장 부호를 알맞게 사용한다.

④ 일의 순서 없이 생각나는 대로 쓴다.

⑤ 들은 대로, 말한 대로, 본 대로 쓴다.

4~5

고개	질문	대답
	동물인가요?	아니요, 식물입니다.
	꽃인가요?	예, 꽃입니다.
	가시가 있나요?	예, 가시가 있습니다.
	어떤 색깔인가요?	여러 가지 색깔입니다.
	이름은 몇 글자인가요?	두 글자입니다.

[3. 말의 재미를 찾아서]

4 어떤 놀이인가요? (   )

① 끝말잇기 놀이   ② 수수께끼 놀이

③ 다섯 고개 놀이   ④ 말 덧붙이기 놀이

⑤ 꽁지 따기 말놀이

[3. 말의 재미를 찾아서]

5 이 문제의 답은 무엇인가요 ? (   )

① 튤립   ② 장미   ③ 목련

④ 민들레   ⑤ 무궁화

6~7

"우리가 텔레비전을 너무 괴롭혔나 봐."
아빠가 말했어요.
"텔레비전이 다시 깨어나면 좋겠어요! 훌쩍."
제데옹은 울먹거렸지요.
"에그, 불쌍한 것! 진작에 쉬게 해 주었어야 했
는데……."
엄마도 한숨을 쉬었어요. 그러자 아르망 할아
버지께서 말씀하셨어요.
"텔레비전에게 열흘 동안 휴가를 주자!"
텔레비전이 야자나무 아래서 즐겁게 지내는 동
안……,
크록텔레 가족은 단 한 사람도 즐겁지 않았어요.
월요일, 화요일 모두 심심해요.
수요일, 목요일 모두 심심해요.

[4. 인물의 마음을 짐작해요]

6 텔레비전이 멈추어 버리자 크록텔레 가족은
어떻게 하기로 했나요? ( )

① 새로운 텔레비전을 사기로 했다.
② 열흘 동안 텔레비전을 고치기로 했다.
③ 야자나무 아래서 즐겁게 지내기로 했다.
④ 텔레비전에게 열흘 동안 휴가를 주기로
했다.
⑤ 텔레비전을 다시 깨어나게 할 방법을 찾
자고 했다.

[4. 인물의 마음을 짐작해요]

7 텔레비전이 멈추었을 때 크록텔레 가족의 마
음으로 알맞은 것을 모두 고르세요.

(,)

① 슬픔　　　　　② 흐뭇함
③ 즐거움　　　　④ 후회스러움
⑤ 자랑스러움

[5. 간직하고 싶은 노래]

8 겪은 일을 시로 표현하는 방법으로 알맞은
것을 모두 고르세요. (, ,)

① 긴 문장은 행을 나누어 쓴다.
② 겪은 일에 대한 생각이나 느낌은 쓰지
않는다.
③ 소리 내어 읽을 때 노래하듯이 읽을 수
있도록 쓴다.
④ 자세히 표현하기 위해 겪은 일을 하나도
빠짐없이 다 쓴다.
⑤ 겪은 일에 대한 생각이나 느낌이 잘 드
러나도록 솔직하게 쓴다.

[6. 자세하게 소개해요]

9 친한 친구를 소개할 때 소개할 내용으로 알
맞지 <u>않은</u> 것은 어느 것인가요? ( )

① 생김새　　　　② 잘하는 것
③ 장래 희망　　　④ 못하는 것
⑤ 좋아하는 것

[6. 자세하게 소개해요]

10 다음 소개하는 글에 대한 설명으로 알맞지
<u>않은</u> 것은 어느 것인가요? ( )

> 엄마, 걔는 우리 반이에요. 축구를 좋아하
> 는 것 같아요. 집에 올 때 만났는데 어디 사
> 는지 모르겠어요.

① 특징이 잘 드러나게 썼다.
② 내용을 자세하게 쓰지 않았다.
③ 누구를 소개하는지 알 수 없다.
④ 소개하는 글을 쓰는 방법에 맞지 않다.
⑤ 읽을 사람이 궁금해할 내용을 쓰지 않았다.

[7. 일이 일어난 차례를 살펴요]

11 일어난 일을 차례대로 말해야 하는 상황으로 알맞은 것은 어느 것인가요? (　　　)

① 선생님께 칭찬을 받았을 때
② 읽은 책을 친구에게 빌려 줄 때
③ 어머니께 친한 친구를 소개할 때
④ 친구와 운동장에서 공놀이를 할 때
⑤ 친구에게 재미있는 이야기를 들려줄 때

12~13

가
은주의 키가 더 적어.
적다고? 작다는 말이겠지?

나
도서관에서 빌린 책을 잊어버린 것 같아.

[8. 바르게 말해요]

12 그림 가 에서 잘못 말한 '적다'에 어울리는 그림을 찾아 ○표를 하세요.

(1)　　　　　　　　(2)

(　　　　　)　　(　　　　　)

[8. 바르게 말해요]

13 그림 나 에서 잘못 쓴 낱말을 찾고 바르게 고쳐 쓰세요.

(　　　　　　　) ⇨ (　　　　　　　)

14~15

안녕,

우리 친구 하자

이름도 쓰임새도 모두 다른 손가락.
그중 어떤 것도 최고일 수는 없습니다.
함께일 때 완전한 힘을 가지는 우리는
어울림의 표시입니다.

조혜련, 박주연

[9. 주요 내용을 찾아요]

14 이와 같이 자신의 생각이나 정보를 알리는 것을 무엇이라고 하나요? (　　　)

① 시　　　　　　　② 광고
③ 편지　　　　　　④ 노래
⑤ 동화

[9. 주요 내용을 찾아요]

15 글쓴이가 말하고 싶은 내용으로 알맞은 것은 어느 것인가요? (　　　)

① 잘난 척을 하지 말자.
② 손가락을 깨끗이 씻자.
③ 악수를 하는 습관을 기르자.
④ 나라가 다르고 얼굴이 다르더라도 서로 존중하며 친구로 지내자.
⑤ 이름도 쓰임새도 모두 다른 자신의 손가락을 소중히 여기고 아껴 주자.

16~18

아빠 기러기가 흠뻑 젖은 막내의 날개를 쓰다듬으며 속삭였어요.

"막내야, 너는 작은 날개를 가졌지만 그 날개 안에 숨겨진 너만의 힘이 있단다."

㉠"제가 여기까지 온 건 아빠와 형, 누나의 칭찬 덕분이에요."

"너는 정말 대단해!"

앞서가던 형이 막내를 쳐다보며 소리쳤어요.

㉡"너는 우리 가운데에서 제일 어리지만 가장 열심히 했어!"

높이 날고 있던 누나도 응원해 주었어요.

모두의 칭찬에 막내는 더욱 힘을 냈어요.

[10. 칭찬하는 말을 주고받아요]

16 ㉠에 나타난 마음으로 알맞은 것을 모두 고르세요. (　,　　)

① 고마움　　② 미안함
③ 지루함　　④ 겸손함
⑤ 속상함

[10. 칭찬하는 말을 주고받아요]

17 ㉡은 무엇에 대해 칭찬한 것인가요?

(　　)

① 잘하는 점　　② 고마운 점
③ 못하는 점　　④ 미안한 점
⑤ 노력하는 점

서술형

[10. 칭찬하는 말을 주고받아요]

18 모두의 칭찬을 받은 막내의 기분은 어떠할지 쓰세요.

_____

_____

19~20

제페토 할아버지: (기지개를 켜며) 아, 잘 잤다. 오늘은 날씨가 참 좋군.

피노키오: 안녕히 주무셨어요, 할아버지?

제페토 할아버지: ㉠아이고, 깜짝이야. 누가 지금 이야기를 했지?

피노키오: ㉡할아버지, 저예요. 저는 말도 하고 움직일 수도 있어요.

제페토 할아버지: 아니? 이…… 이런……, 너…… 넌 유령이냐?

피노키오: 아니에요, 할아버지. 어제 만든 나무 인형 피노키오예요.

제페토 할아버지: 정말 네가 말을 하고 움직일 수 있는 거니?

피노키오: 네. 어젯밤에 요정이 나타나서 할아버지의 소원을 들어준 거예요.

[11. 실감 나게 표현해요]

19 ㉠에 어울리는 행동은 무엇인가요? (　　)

① 화를 내는 몸짓을 한다.
② 덩실덩실 어깨춤을 춘다.
③ 귓속말하듯이 손을 입에 댄다.
④ 주위를 두리번거리며 둘러본다.
⑤ 고개를 숙이고 발밑을 바라본다.

[11. 실감 나게 표현해요]

20 ㉡에 어울리는 목소리는 무엇인가요?

(　　)

① 신나는 목소리로
② 깜짝 놀란 목소리로
③ 화를 내는 목소리로
④ 작고 부드러운 목소리로
⑤ 미안한 듯이 작은 목소리로

마무리 평가

[1. 네 자리 수]

1 □ 안에 알맞은 수를 써넣으세요.

(1) 1000은 900보다 ☐ 만큼 더 큰 수입니다.

(2) 999보다 ☐ 만큼 더 큰 수는 1000입니다.

(3) 990보다 ☐ 만큼 더 큰 수는 1000입니다.

[1. 네 자리 수]

2 룩희의 돼지 저금통에서 나온 돈은 천 원짜리 지폐가 9장, 백 원짜리 동전이 6개, 십 원짜리 동전이 5개였습니다. 룩희가 모은 돈은 모두 얼마인지 쓰세요.

( )원

[1. 네 자리 수]

3 더 큰 수를 말한 사람은 누구인지 이름을 쓰세요.

보영 4492보다 100만큼 더 큰 수.

별이 1000이 4개, 100이 6개, 10이 9개, 1이 2개인 수.

( )

[1. 네 자리 수]

4 네 자리 수의 크기를 비교하려고 합니다. 0부터 9까지의 수 중에서 □ 안에 들어갈 수 있는 수를 모두 쓰세요.

2562 < 25□4

( )

서술형

[2. 곱셈구구]

5 소담이는 그림과 같이 길이가 같은 색 테이프를 겹치지 않게 이어 붙였습니다. 이어 붙인 색 테이프의 길이는 모두 몇 cm인지 곱셈구구를 이용하여 설명해 보세요.

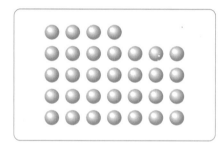
4 cm

_____

( )cm

[2. 곱셈구구]

6 구슬은 모두 몇 개인지 구하려고 합니다. □ 안에 알맞은 수를 써넣으세요.

(1) (4 × ☐) + (7 × ☐) = ☐ (개)

(2) (5 × ☐) + (4 × ☐) = ☐ (개)

(3) (7 × ☐) − (3 × ☐) = ☐ (개)

[2. 곱셈구구]

7 빈칸에 알맞은 수를 써넣으세요.

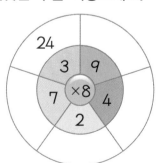

8 다음 그림을 보고 □ 안에 알맞은 수를 써넣으세요. [3. 길이 재기]

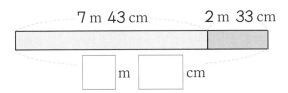

7 m 43 cm 2 m 33 cm

□ m □ cm

9 빈칸에 알맞은 길이를 써넣으세요. [3. 길이 재기]

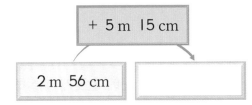

+ 5 m 15 cm

2 m 56 cm

10 집에서 학교까지의 거리는 집에서 꽃집까지의 거리보다 몇 m 몇 cm 먼 거리인지 구하세요. [3. 길이 재기]

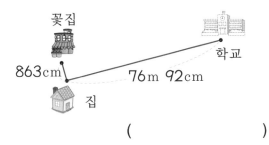

꽃집

학교

863 cm 76 m 92 cm

집

( )

11 레아의 두 걸음이 90 cm라면 편의점까지의 거리는 약 몇 m인가요? [3. 길이 재기]

편의점까지의 거리는 내 걸음으로 약 20걸음이야.

레아

약 ( )

12 오른쪽 시계를 보고 □ 안에 알맞은 수를 써넣으세요. [4. 시각과 시간]

(1) 시계에서 짧은바늘은
□ 와 □ 사이를 가리킵니다.

(2) 시계에서 긴바늘은
□ 을 가리킵니다.

(3) 시계가 나타내는 시각은
□ 시 □ 분입니다.

13 영화가 시작한 시각과 끝난 시각입니다. 영화 상영 시간은 몇 분인가요? [4. 시각과 시간]

시작한 시각	끝난 시각

( )분

서술형

14 희영이는 매일 오전 7시 30분에 일어나서 오후 9시 30분에 잠자리에 듭니다. 희영이가 깨어 있는 시간은 몇 시간인지 풀이 과정을 쓰고 답을 구하세요. [4. 시각과 시간]

_____

_____

_____

( )시간

마무리 평가

✿ 건우네 반 학생들이 좋아하는 아이스크림을 조사하여 표와 그래프로 나타낸 것입니다. 물음에 답하세요. [15~17]

〈좋아하는 아이스크림 종류별 학생 수〉

아이스크림	바닐라	딸기	초콜릿	멜론	합계
학생 수 (명)			5		

7	◯			
6	◯			◯
5	◯			◯
4	◯	◯		◯
3	◯	◯		◯
2	◯	◯		◯
1	◯	◯		◯
학생 수(명)/ 아이스크림	바닐라	딸기	초콜릿	멜론

[5. 표와 그래프]

15 표와 그래프의 빈칸을 채워 완성하세요.

[5. 표와 그래프]

16 가장 적은 학생들이 좋아하는 아이스크림은 무엇인가요?

( )아이스크림

[5. 표와 그래프]

17 위 그래프를 보고 알 수 있는 내용을 모두 찾아 기호를 쓰세요.

> ㉠ 학생들이 좋아하는 아이스크림의 종류를 알 수 있습니다.
> ㉡ 가장 많은 어린이가 좋아하는 아이스크림을 알 수 있습니다.
> ㉢ 멜론 아이스크림을 좋아하는 어린이의 이름을 알 수 있습니다.

(,)

[6. 규칙 찾기]

18 덧셈표에 있는 규칙에 맞게 빈칸에 알맞은 수를 써넣으세요.

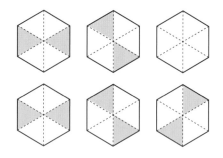

9	10	
	12	14
11	13	

[6. 규칙 찾기]

19 규칙을 찾아 빈 곳에 알맞게 색칠하세요.

[6. 규칙 찾기]

20 윤하의 자리는 마열 여섯째 자리입니다. 윤하의 좌석 번호는 몇 번일까요?

	첫째	둘째	셋째	넷째	다섯째	여섯째	일곱째
가열	1	2	3	4	5	6	7
나열	8	9	10	11			
다열	15	16	17				
라열	22						
마열							

( )번

가을

[1. 동네 한 바퀴]

1 동네를 살펴본 내용을 기록할 때 필요한 준비물로 바르지 <u>않은</u> 것은 어느 것 인가요?
( )

① ▲ 수첩 ② ▲ 사진기

③ ▲ 연필 ④ ▲ 축구공

[1. 동네 한 바퀴]

2 다음 그림의 이웃은 누구인지 쓰세요.

(1) ( ) (2) ( )

[1. 동네 한 바퀴]

3 다음 그림의 이웃들은 어떤 동네를 만들기 위해 일하는 것인가요? ( )

▲ 소방관 ▲ 경찰관

① 안전한 동네
② 건강한 동네
③ 편리한 동네
④ 깨끗한 동네
⑤ 부유한 동네

서술형

[1. 동네 한 바퀴]

4 동네를 위해 내가 할 수 있는 일을 한 가지 쓰세요.

_____

[1. 동네 한 바퀴]

5 사람들이 일을 할 때의 마음가짐이나 태도로 바르지 <u>않은</u> 것은 어느 것인가요?
( )

① 즐거운 마음으로 한다.
② 자기 일을 소중하게 생각한다.
③ 나에게 이득이 되는 일만 한다.
④ 자기가 맡은 일에 책임감을 가지고 한다.
⑤ 나에게 이득이 되지 않지만 남에게 도움이 되는 일을 한다.

[2. 가을아 어디 있니]

6 다음 중 가을의 모습은 어느 것인가요?
( )

①  ②

③  ④

[2. 가을아 어디 있니]

7 다음 규칙은 어떤 장소에서 지켜야 하는 것인지 쓰세요.

• 책은 책상에 앉아서 읽는다.
• 책을 찢거나 낙서하지 않는다.
• 읽고 난 책은 정해진 곳에 놓는다.

( )

8 [2. 가을아 어디 있니]

보기 는 우리 몸의 어떤 부분으로 가을 열매를 관찰한 것인가요? ( )

보기

• 사과는 둥글고 빨갛게 생겼다.
• 감은 둥글넓적하고 주황색이다.

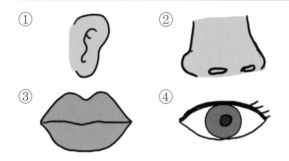

① ②

③ ④

9 [2. 가을아 어디 있니]

사람이 많이 모이는 곳에서 질서를 지키지 않는 모습은 어느 것인가요? ( )

① 전시회장에서 큰 소리로 떠드는 모습
② 화장실에서 차례차례 줄을 서서 이용하는 모습
③ 학습 발표장에서 앞 사람의 의자를 발로 차지 않는 모습
④ 박물관에서 큰 소리로 떠들거나 뛰어다니지 않는 모습
⑤ 체험 학습을 마치고 이동할 때에는 자기 주변의 쓰레기를 치우는 모습

10 [2. 가을아 어디 있니]

다음 그림을 보고 떠오르는 계절은 무엇인지 쓰세요.

( )

겨울

11 [1. 두근두근 세계 여행]

가고 싶은 나라에 대해 알고 싶은 것을 조사하는 방법으로 바르지 <u>않은</u> 것은 어느 것인가요? ( )

① 백과사전을 찾아본다.
② 도서관에서 책을 찾아본다.
③ 잘 모르는 어른께 여쭤본다.
④ 선생님이나 부모님께 여쭤본다.
⑤ 인터넷을 통해 알고 싶은 것을 찾아본다.

12 [1. 두근두근 세계 여행]

다른 나라의 전통 의상을 보고 더운 지역과 추운 지역 중 어느 곳에서 볼 수 있는 옷인지 각각 쓰세요.

(1) (2)

( ) ( )

13 [1. 두근두근 세계 여행]

다음 그림의 친구들이 하는 것은 무엇인가요? ( )

① 문화
② 식사
③ 운동
④ 모임
⑤ 인사

14 다음에서 설명하는 다른 나라의 음식은 무엇인가요? (　　)

[1. 두근두근 세계 여행]

> • 태국(타이)의 전통 음식이다
> • 시고, 달고, 맵고, 짠 네 가지 맛이 난다.
> • 여러 가지 재료와 향신료를 넣고 푹 끓인다.

① 피자
② 딤섬
③ 소시지
④ 똠얌꿍
⑤ 캐비아

서술형

15 다른 나라 친구를 만났을 때 지켜야 할 일을 한 가지 쓰세요.

[1. 두근두근 세계 여행]

_____

_____

---

16 다음 중 겨울잠을 자는 동물이 아닌 것은 어느 것인가요? (　　)

[2. 겨울 탐정대의 친구 찾기]

①
▲ 호랑이

②
▲ 너구리

③
▲ 다람쥐

④
▲ 개구리

---

17 알과 번데기로 겨울을 나는 곤충을 찾아 기호를 쓰세요.

[2. 겨울 탐정대의 친구 찾기]

ㄱ ㄴ

(1) 알: (　　　　　　)
(2) 번데기: (　　　　　　)

---

18 겨울 방학 동안 하고 싶은 것을 계획한 것으로 알맞은 것은 어느 것인가요? (　　)

[2. 겨울 탐정대의 친구 찾기]

① 적당한 운동을 한다.
② 밖에 나가 놀지 않는다.
③ 하루 종일 만화책을 본다.
④ 하루 종일 텔레비전을 본다.
⑤ 먹고 싶은 음식만 골라 먹는다.

---

19 다음 그림에서 친구들이 하고 있는 운동은 무엇인가요? (　　)

[2. 겨울 탐정대의 친구 찾기]

① 축구　　　　② 눈싸움
③ 줄넘기　　　④ 연날리기
⑤ 딱지치기

---

20 다음과 같이 겨울 방학 동안 할 일과 계획을 적은 것은 무엇인지 쓰세요.

[2. 겨울 탐정대의 친구 찾기]

(　　　　　　)

마무리 평가

1~2

아~함
동생이 하품을 한다
입 안이
빨갛게 익은 수박 속 같다
충치는 까맣게 잘 익은 수박씨

「수박씨」, 최명란

[1. 장면을 떠올리며]

1 시 속 표현이 알맞은 것끼리 선으로 이어 보세요.

(1) 입 안 • • ㉠ 수박씨

(2) 충치 • • ㉡ 수박 속

서술형

[1. 장면을 떠올리며]

2 이 시를 읽고 떠오르는 장면을 쓰세요.

_____

_____

[2. 인상 깊었던 일을 써요]

3 생각이나 느낌이 드러나게 인상 깊었던 일을 글로 쓰기에 알맞은 내용을 모두 찾아 기호를 쓰세요.

㉠ 글을 쓸 때에는 문장 부호를 알맞게 써야 해.
㉡ 겪은 일의 차례를 쓰면 글의 내용이 딱딱해져.
㉢ 대화하는 글로 쓰면 생각이나 느낌이 잘 드러나.

(,)

[3. 말의 재미를 찾아서]

4 같은 글자로 끝나는 말놀이를 하려고 합니다. 빈칸에 들어갈 알맞은 말을 쓰세요.

가지	강아지	바지	도라지	

( )

[3. 말의 재미를 찾아서]

5 다음 수수께끼를 만든 방법은 무엇인가요?
( )

깨는 깨인데 못 먹는 깨는? ⇨ 주근깨

① 이름을 이용해 만든 방법
② 특징을 이용해 만든 방법
③ 모양을 이용해 만든 방법
④ 글자 수를 이용해 만든 방법
⑤ 서로 다른 점을 생각해 만든 방법

[4. 인물의 마음을 짐작해요]

6 글에 나타난 인물의 마음으로 알맞은 것은 어느 것인가요? ( )

1등으로 달리다가 결승선 앞에서 넘어졌어.

① 졸려   ② 행복해
③ 고마워   ④ 흐뭇해
⑤ 안타까워

7~8

사랑해요 이 한마디 참 좋은 말
우리 식구 자고 나면 주고받는 말
사랑해요 이 한마디 참 좋은 말
엄마 아빠 일터 갈 때 주고받는 말
이 말이 좋아서 온종일 신이 나지요
이 말이 좋아서 온종일 일 맛 나지요
이 말이 좋아서 온종일 가슴이 콩닥콩닥인데요
사랑해요 이 한마디 참 좋은 말
나는 나는 이 한마디가 정말 좋아요

「참 좋은 말」, 김완기

[5. 간직하고 싶은 노래]

7 마음을 나누면 기분이 어떻다고 했는지 알맞은 것을 모두 고르세요.

(, ,)

① 잠이 온다.
② 신이 난다.
③ 눈물이 난다.
④ 일 맛이 난다.
⑤ 가슴이 콩닥콩닥한다.

[5. 간직하고 싶은 노래]

8 이 시에서 가장 중요한 표현은 무엇인지 쓰세요.

( )

[6. 자세하게 소개해요]

9 다음에서 소개하는 내용은 무엇인가요?

( )

> 하윤이는 키가 크고 눈썹이 진해요.

① 성별 ② 성격
③ 생김새 ④ 장래 희망
⑤ 잘하는 것

10~11

아침에는 애벌레 방을 구경했어요. 방에는 쌀알처럼 생긴 개미알이 쌓여 있었어요. 알 사이사이로 뽀얗고 포동포동한 애벌레가 기지개를 켰어요.
"정말 귀여운 아기야."
콩이는 애벌레를 살짝 쓰다듬어 주었어요.
점심때는 여왕개미 방에 갔어요. 여왕개미는 막 알을 낳고 잠깐 쉬는 중이었지요. 여왕개미가 활짝 웃으며 콩이를 맞이했어요.
"반가워요. 앞으로 자주 놀러 와요."
콩이는 상냥한 여왕개미가 마음에 들었어요.
저녁때가 되었어요. 콩이는 굴을 나가려다가 신기한 방을 보았어요.
"여기는 무슨 방일까?"
콩이는 고개를 갸웃하다가 방 안으로 살금살금 들어갔어요. 방 안에는 무지갯빛 안개가 몽실몽실 피어나고 있었지요.

[7. 일이 일어난 차례를 살펴요]

10 콩이가 아침에 애벌레 방에서 본 것을 모두 고르세요. (,)

① 무지개 ② 개미알
③ 마법사 ④ 애벌레
⑤ 여왕개미

[7. 일이 일어난 차례를 살펴요]

11 콩이가 구경한 방을 차례대로 빈칸에 각각 쓰세요.

		점심때		저녁때
애벌레 방	⇒		⇒	신기한 방

[8. 바르게 말해요]

12 낱말의 뜻에 어울리는 그림을 찾아 선으로 이어 보세요.

(1) 많다 •

(2) 크다 •

(3) 가리키다 •

(4) 가르치다 •

• ㉠

• ㉡

• ㉢

• ㉣

[8. 바르게 말해요]

13 낱말을 소리 나는 대로 쓰세요.

(1) 먹고 [   ]　(2) 주먹밥 [   ]

(3) 보름달 [   ]　(4) 마음속 [   ]

[8. 바르게 말해요]

14 바른 말을 사용하기 위해 한 일이 바르지 못한 것은 무엇인가요? (   )

① 토박이말에 관심을 가졌어.

② 바른 말인지 한 번 더 생각하고 말했어.

③ 유행어나 영어를 함부로 쓰지 않았어.

④ 헷갈리는 낱말의 정확한 뜻을 알아보았어.

⑤ 텔레비전에 나오는 말을 무조건 따라했어.

15~16

　고양이 몰래 먹이를 구하러 가려고 했지만, 그때마다 고양이에게 잡혀가고 말았습니다.

　고양이가 날마다 쥐를 잡아 가자 할아버지 쥐는 가족회의를 열었습니다.

　"어제 또 우리 가족이 고양이에게 잡혀갔습니다. 더 이상 우리 가족을 잃을 수는 없습니다."

　"어떻게 하면 좋을까요?"

　모두 좋은 방법이 떠오르지 않았습니다.

　그때 첫째 쥐가 말했습니다.

　"이사를 가면 어때요? 이웃 마을에는 고양이가 없을 거예요."

　그러자 둘째 쥐가 말했습니다.

　"이삿짐 싸기가 힘들잖아요. 차라리 한 명씩 돌아가며 망을 보면 어때요?"

　가만히 듣고 있던 셋째 쥐가 말했습니다.

　"고양이 목에 방울을 달면 어때요? 고양이가 올 때마다 소리가 나니까 빨리 도망갈 수 있잖아요."

[9. 주요 내용을 찾아요]

15 쥐 가족의 걱정은 무엇인가요? (   )

① 고양이의 먹이를 뺏고 싶다.

② 고양이 때문에 집이 좁아 살 수 없다.

③ 고양이 때문에 집 밖으로 나갈 수 없다.

④ 고양이와 친구가 되는 방법을 모르겠다.

⑤ 이웃 마을로 이사 가는 방법을 모르겠다.

[9. 주요 내용을 찾아요]

16 첫째 쥐가 말한 내용은 무엇인가요?

(   )

① 이웃 마을로 이사를 가자.

② 고양이 목에 방울을 달자.

③ 한 명씩 돌아가며 망을 보자.

④ 고양이 가족을 더 많이 낳자.

⑤ 고양이가 올 때 빨리 도망가자.

17~18

줄넘기 연습을 열심히 하는구나.

너는 정말 착하구나. 네 친구가 정말 행복하겠어.

[10. 칭찬하는 말을 주고받아요]

17 그림 **가**에서 칭찬하는 말을 들은 여자아이의 기분으로 알맞은 것은 어느 것인가요?

( )

① 기쁨　　　　② 외로움
③ 속상함　　　④ 억울함
⑤ 민망함

[10. 칭찬하는 말을 주고받아요]

18 그림 **나**에서 칭찬하는 말을 들은 아이가 할 수 있는 말로 알맞은 것은 어느 것인가요? ( )

① 내가 원래 좀 착해.
② 나는 원래 잘하니까 너나 잘해.
③ 친구가 내 노력을 알아줬으면 좋겠어.
④ 그만 해. 칭찬 받는 것도 이제 지겹다.
⑤ 내가 다쳤을 때 나도 친구의 도움을 받았는걸.

19~20

여우: 피노키오야, 학교에 가지 말고 재미있는 구경 갈래?

피노키오: 어? 하지만 나는 학교에 가야 하는걸?

여우: 나와 함께 가면 정말 재미있는 공연을 볼 수 있어.

피노키오: 하루쯤은 괜찮겠지? 그래, 좋아.

　여우와 재미있게 공연을 보던 피노키오가 극단 주인에게 끌려 나온다.

극단 주인: 어허, 너는 돈도 내지 않고 몰래 공연을 보는 거지? 이리 와.

피노키오: ㉠어? 왜…… 왜 그러세요?

극단 주인: 몰래 공연을 봤으니 혼이 나야지. 앞으로는 내가 시키는 대로 공연을 해야 해.

[11. 실감 나게 표현해요]

19 피노키오를 본 극단 주인의 행동으로 알맞은 것은 어느 것인가요? ( )

① 피노키오를 토닥여 주었다.
② 편안하게 공연을 보라고 했다.
③ 여우와 친하게 지내라고 했다.
④ 돈을 내지 않으면 신고한다고 했다.
⑤ 자신이 시키는 대로 공연을 해야 한다고 했다.

[11. 실감 나게 표현해요]

20 ㉠에 어울리는 목소리는 무엇인가요?

( )

① 신나는 목소리
② 행복한 목소리
③ 편안한 목소리
④ 부드러운 목소리
⑤ 무서워하는 목소리

마무리 평가

[1. 네 자리 수]

1 다음 중 나타내는 수가 <u>다른</u> 것은 어느 것인가요? (   )

① 칠천
② 1000이 6개인 수
③ 6999보다 1만큼 더 큰 수
④ 6990보다 10만큼 더 큰 수
⑤ 6900보다 100만큼 더 큰 수

[1. 네 자리 수]

2 5290부터 100씩 커지는 수 카드가 다음과 같이 배열되어 있습니다. 빈 카드에 알맞은 수를 구하세요.

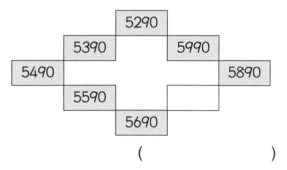

(   )

[1. 네 자리 수]

3 재훈이는 다음과 같이 동전을 가지고 있습니다. 1000원짜리 장난감을 사려면 얼마가 더 있어야 하나요?

(   )원

[1. 네 자리 수]

4 큰 수부터 차례로 쓰세요.

| 2580 | 2625 | 3462 |

(,   ,   )

[2. 곱셈구구]

5 알록달록한 구슬이 42개 있습니다. ☐ 안에 알맞은 수를 써넣으세요.

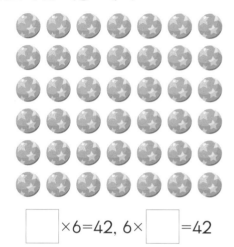

☐×6=42, 6×☐=42

📝서술형   [2. 곱셈구구]

6 리원이가 과녁맞히기 놀이를 하여 얻은 점수를 나타낸 표입니다. 빈칸에 알맞은 수를 써넣고, 모두 몇 점을 얻었는지 풀이 과정을 쓰고 답을 구하세요.

과녁판(점)	0	1	2	3
맞힌 횟수(번)	4	7	8	0
얻은 점수(점)				

_____

_____

_____

(   )점

[2. 곱셈구구]

7 ☐ 안에 들어갈 수 있는 수는 모두 몇 개인가요?

| 6×8< ☐ <6×9 |

(   )개

[3. 길이 재기]

8 길이의 합을 구해 보세요.

> 325 cm+5 m 34 cm

( )

서술형

[3. 길이 재기]

9 길이가 4 m 50 cm인 빨간색 테이프와 빨간색 테이프보다 1 m 25 cm 더 짧은 파란색 테이프가 있습니다. 두 색 테이프의 길이의 합은 몇 m 몇 cm인지 풀이 과정을 쓰고 답을 구하세요.

_____

_____

_____

( )

[3. 길이 재기]

10 실제 길이가 2 m 89 cm인 철사의 길이를 어림해 보았습니다. 더 잘 어림한 사람은 누구인지 이름을 쓰세요.

이름	어림한 철사의 길이
가인	2 m 75 cm
근영	2 m 98 cm

( )

[3. 길이 재기]

11 원숭이의 키가 1 m 25 cm일 때 나무의 높이는 약 몇 m 몇 cm인가요?

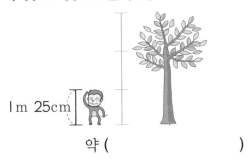

약 ( )

[4. 시각과 시간]

12 대화를 읽고 누가 더 먼저 일어났는지 이름을 쓰세요.

나는 오늘 아침 7시 55분에 일어났어.

나는 오늘 아침 8시 10분 전에 일어났어.

인성   재만

( )

[4. 시각과 시간]

13 예슬이네는 울릉도로 여행을 갔습니다. 집에서 울릉도까지 걸린 시간은 몇 시간인지 쓰세요.

집을 출발한 시각	울릉도에 도착한 시각
오전	오후

( )시간

[4. 시각과 시간]

14 빈칸에 알맞은 수를 써넣으세요.

(1) 1시간 20분 = ☐ 분

(2) 48시간 = ☐ 일

(3) 2주일 = ☐ 일

(4) 1년 6개월 = ☐ 개월

✿진유네 반 학생들이 사는 아파트 동을 조사한 표입니다. 물음에 답하세요. [15~17]

〈진유네 반 학생들이 사는 아파트 동〉

진유	101	태현	101	중기	102	보라	104
동건	102	창욱	101	제인	102	리온	103
미란	102	지현	103	설아	104	장미	101
시은	101	은지	102	수정	101	해지	104

[5. 표와 그래프]

15 위 자료를 보고 표로 나타내어 보세요.

〈진유네 반 학생들이 사는 아파트 동별 학생 수〉

동	101	102	103	104	
학생 수 (명)	✕✕✕✕ ✕✕✕✕	✕✕✕✕ ✕✕✕✕	✕✕✕✕ ✕✕✕✕	✕✕✕✕ ✕✕✕✕	합계

[5. 표와 그래프]

16 위 자료를 보고 /를 이용하여 그래프로 나타내어 보세요.

〈진유네 반 학생들이 사는 아파트 동별 학생 수〉

6				
5				
4				
3				
2				
1				
학생 수(명)／동	101	102	103	104

[5. 표와 그래프]

17 표와 그래프 중 진유네 반 전체 학생 수를 알아보기 편리한 것은 어느 것인가요?

(   )

[6. 규칙 찾기]

18 곱셈표를 완성하고, 규칙을 찾아 알맞은 말에 ○표 하세요.

×	2	4	6	8
2	㉠	8	12	16
4	㉡	16	24	32
6	12	24	㉢	48
8	16	32	㉣	64

㉠: ▢ , ㉡: ▢ , ㉢: ▢ , ㉣: ▢

규칙: 곱셈표에 있는 수들은 모두
    (짝수 , 홀수)인 규칙이 있습니다.

[6. 규칙 찾기]

19 규칙을 찾아 빈 곳에 알맞게 색칠하세요.

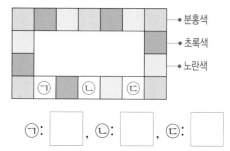

•분홍색
•초록색
•노란색

㉠: ▢ , ㉡: ▢ , ㉢: ▢

[6. 규칙 찾기]

20 다음 중 ㉠에 들어갈 알맞은 수는 어느 것인가요? (   )

5				
10	5			
20	10	5		
40	20	10	5	
㉠	40	20	10	5

① 50   ② 60   ③ 70
④ 80   ⑤ 90

가을

[1. 동네 한 바퀴]

1 동네를 탐험하면서 지켜야 하는 안전 규칙으로 바르지 않은 것은 어느 것인가요?
( )

① 선생님과 함께 이동한다.
② 개인 행동을 하지 않는다.
③ 길가에서 장난치거나 뛰어다니지 않는다.
④ 길을 건널 때 좌우를 살피지 않고 건넌다.
⑤ 차가 올 때는 가던 길을 멈추고 한쪽으로 비켜 선다.

[1. 동네 한 바퀴]

2 다음 그림의 놀이는 무엇의 모습을 표현한 놀이인가요? ( )

① 나라 ② 동네 ③ 아파트
④ 선풍기 ⑤ 우리 집

[1. 동네 한 바퀴]

3 동네 사람들이 하는 일을 조사한 내용입니다. 어떤 분을 조사한 것인지 쓰세요.

알게 된 내용과 느낀 점	• 범죄가 발생하면 출동하여 사건을 처리한다. • 밤에도 일하는 것이 힘들다. • 우리가 안전하게 지낼 수 있는 것 같아서 감사하다.

( )

[1. 동네 한 바퀴]

4 다음은 어떤 직업 놀이를 할 때 필요한 준비물인가요? ( )

> 분식점 간판, 메뉴판, 접시, 플라스틱 칼, 음식 재료용 찰흙, 위생 모자, 젓가락

① 의사
② 판사
③ 농부
④ 요리사
⑤ 간호사

[1. 동네 한 바퀴]

5 다음 그림은 우리 동네를 소개하기 위해 무엇을 만든 것인지 쓰세요.

( )

[2. 가을아 어디 있니]

6 다음은 영호가 쓴 일기입니다. 어떤 계절의 모습인가요? ( )

> 가족들과 단풍 구경을 갔다. 울긋불긋 단풍이 예뻤다. 아침에는 쌀쌀해서 겉옷을 입고 나왔는데 점심을 먹고 나니 따뜻해져 겉옷을 벗고 놀았다.

① 봄
② 가을
③ 겨울
④ 여름
⑤ 초여름

마무리 평가 **139**

7 다음 그림과 같은 가을 열매 바구니를 만들 때 필요한 재료는 무엇인지 쓰세요.

[2. 가을아 어디 있니]

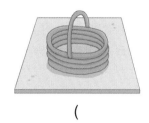

(   )

8 사람이 많은 곳에서 지켜야 하는 질서를 주제로 역할놀이를 할 때 알맞지 않은 상황은 어느 것인가요? (   )

[2. 가을아 어디 있니]

① 박물관에서
② 공중화장실에서
③ 체험 학습장에서
④ 학습 발표회장에서
⑤ 우리 집 화장실에서

서술형

9 사람이 많이 모이는 곳에서 질서를 지켜야 하는 이유를 한 가지 쓰세요.

[2. 가을아 어디 있니]

_____

_____

10 학교 주변에서 모은 나뭇잎을 무리 지어 보았습니다. 무엇을 기준으로 무리 지은 것인가요? (   )

[2. 가을아 어디 있니]

① 맛   ② 모양   ③ 크기
④ 가격   ⑤ 색깔

겨울

11 다음은 지운이가 조사한 이웃 나라의 모습입니다. 지운이가 조사한 나라는 어디인가요? (   )

[1. 두근두근 세계 여행]

> 우리나라 동쪽에 있는 섬나라다. 그곳 사람들은 기모노라는 전통 의상을 입는다. 또한 초밥, 우동 같은 음식이 유명하다.

① 중국   ② 미국   ③ 일본
④ 영국   ⑤ 베트남

12 나라와 그 나라의 인사말이 바르게 짝지어진 것은 어느 것인가요? (   )

[1. 두근두근 세계 여행]

① 미국 – 굿모닝
② 인도 – 봉주르
③ 독일 – 니하오
④ 프랑스 – 나마스테
⑤ 중국 – 구텐 모르겐

13 다음에서 설명하는 다른 나라의 집은 어느 것인가요? (   )

[1. 두근두근 세계 여행]

> 몽골인들은 양을 키우며 생활하기 때문에 항상 풀을 찾아 옮겨 다니며 살았다. 그래서 쉽게 이사갈 수 있도록 텐트처럼 생긴 둥근 천막집을 짓고 살았다.

①    ②

③    ④

14 다음 인형 장난감은 어느 나라의 장난감인지 쓰세요.

[1. 두근두근 세계 여행]

(   )

15 다음 사진의 마오리족 전통춤은 무엇인가요? (   )

[1. 두근두근 세계 여행]

① 폴카
② 하카 춤
③ 훌라 춤
④ 강강술래
⑤ 플립 플롭 믹서

16 다음 그림에서 겨울잠을 자는 동물은 어느 것인가요? (   )

[2. 겨울 탐정대의 친구 찾기]

① 뱀
② 개미
③ 나비
④ 개구리
⑤ 고슴도치

17 동물의 겨울나기를 도울 수 있는 방법으로 바르지 <u>않은</u> 것은 어느 것인가요? (   )

[2. 겨울 탐정대의 친구 찾기]

① 숲이나 산속에 곡식을 놓아둔다.
② 먹이가 부족한 동물에게 먹이를 준다.
③ 동물이 모아 놓은 도토리를 모두 가져간다.
④ 동물들이 따뜻하게 지낼 수 있도록 집을 만들어 준다.
⑤ 나뭇가지에 붙어 있는 알, 번데기를 함부로 건드리지 않는다.

18 겨울을 씨앗으로 지내는 식물을 두 가지 고르세요 (,   )

[2. 겨울 탐정대의 친구 찾기]

① 목련
② 옥수수
③ 송이버섯
④ 해바라기
⑤ 은행나무

서술형

19 방학이 되었을 때 내가 하고 싶은 일을 한 가지 쓰세요.

[2. 겨울 탐정대의 친구 찾기]

_____

_____

20 3학년이 되면 달라지는 점으로 바르지 <u>않은</u> 것은 어느 것인가요? (   )

[2. 겨울 탐정대의 친구 찾기]

① 수업 시간이 많아진다.
② 새로운 교과서로 공부한다.
③ 새로운 교실에서 공부한다.
④ 배우는 과목 수가 적어진다.
⑤ 새로운 선생님, 새로운 친구와 공부한다.

1~2

허수아비

새 떼를 쫓으려고 서 있는 줄 알지만
나는 새 떼가 오기를 기다리며 서 있어
사람들이 가고 나면
어깨 위에 새 떼를 불러 함께 놀지
콧노래를 부르면
들판도 흥에 겨워 넘실넘실

[1. 장면을 떠올리며]

1 시에서 알 수 있는 허수아비의 성격은 어떠한가요? ( )

① 착하다.
② 무섭다.
③ 겁이 많다.
④ 눈물이 많다.
⑤ 부끄러움이 많다.

[1. 장면을 떠올리며]

2 이 시를 읽고 떠오르는 장면에 대해 생각이나 느낌을 바르게 말한 친구의 이름을 쓰세요.

> 휘서: 허수아비가 새 떼를 쫓는 것이 아니라 기다리기 위해서 있다고 표현한 것이 재미있어.

> 아윤: 들에서 참새를 쫓으려고 애쓰시는 우리 할머니가 힘드시겠다는 생각을 했어.

( )

3~4

"어머니, 운동화가 작아서 발이 아파요."
㉠"그래? 새 운동화를 사러 가야겠구나."
㉡토요일 오전이라 그런지 신발 가게는 조용했다. 신발 가게에 있는 많은 신발 가운데에서 공주 그림이 있는 노란 운동화를 신어 보았다.
㉢"어머니, 이 운동화를 사고 싶어요."
"그게 마음에 드니? 그럼 그것으로 하자."
㉣집으로 돌아와 새 운동화를 신고 학교 운동장으로 나가 보았다. 운동장에서는 여러 명이 술래잡기를 하고 있었다.

[2. 인상 깊었던 일을 써요]

3 글쓴이가 운동화를 새로 산 까닭은 무엇인지 쓰세요.

_____

[2. 인상 깊었던 일을 써요]

4 ㉠~㉣ 가운데에서 글쓴이의 생각이나 느낌이 나타난 것의 기호를 쓰세요.

( )

[3. 말의 재미를 찾아서]

5 다음 수수께끼의 답은 무엇인가요? ( )

> 닦으면 닦을수록 더러워지는 것은?

① 걸레 ② 우산 ③ 연필
④ 신발 ⑤ 이불

[4. 인물의 마음을 짐작해요]

6 글과 그림에 나타난 인물의 마음을 짐작한 뒤에 알맞은 표현을 찾아 선으로 이어 보세요.

(1)

미니가 찾은 것은 신발 한 짝뿐이었어요.

• ㉠ 뿌듯해요.

(2)

얼마 되지 않아 강아지의 주인이 나타났어요.

• ㉡ 슬퍼요.

7~8

아빠는 나만 보면
아빠도 열 살 같대요.
아들, 딱지치기 한 판 어때?
폭신폭신 이불 위에서 레슬링하자!
엄마 몰래 국자에 달고나 해 먹을까?
아빠는 나만 보면
자꾸 열 살짜리가 되려고 해요.

「나만 보면」, 이송현

[5. 간직하고 싶은 노래]

7 아빠와 '내'가 함께한 일을 모두 고르세요.
(, ,)

① 레슬링　　　　② 딱지치기
③ 술래잡기　　　④ 블록 쌓기
⑤ 달고나 해 먹기

서술형

[5. 간직하고 싶은 노래]

8 자신의 경험을 떠올려 　　　 부분을 바꾸어 쓰세요.

_____

_____

9~11

이번에 새로 제 짝이 된 친구는 정하윤이고 여자아이입니다. 하윤이는 키가 크고 눈썹이 진합니다. 하윤이는 종이접기를 좋아해서 ㉠색쫑이를 항상 가지고 다닙니다. 하윤이는 달리기를 잘합니다. 우리 반 여학생들 가운데에서 가장 ㉡빠릅니다.

[6. 자세하게 소개해요]

9 이 글의 종류는 무엇인가요? ( )

① 편지　　　　　② 광고
③ 인형극　　　　④ 칭찬하는 글
⑤ 소개하는 글

[6. 자세하게 소개해요]

10 이 글에서 알 수 없는 내용은 어느 것인가요? ( )

① 성별　　　　　② 생김새
③ 장래 희망　　　④ 잘하는 것
⑤ 좋아하는 것

[6. 자세하게 소개해요]

11 ㉠과 ㉡을 바르게 고쳐 쓰세요.

㉠ 색쫑이 ⇨ ( )

㉡ 빠릅니다 ⇨ ( )

[7. 일이 일어난 차례를 살펴요]

12 일이 일어난 차례에 맞게 빈칸에 번호를 쓰세요.

> 어느 날, 할아버지가 참새가 안내한 곳의 샘물을 마시니 젊은 청년으로 변했습니다.

> 이 소문을 들은 욕심쟁이 할아버지는 샘으로 달려가 샘물을 아주 많이 마셔서 아기가 되었습니다.

> 옛날, 어느 깊은 산속에 자녀가 없는 노부부가 살고 있었습니다.

[8. 바르게 말해요]

13 파란색으로 쓴 말이 바르게 쓰인 문장은 어느 것인가요? ( )

① 형과 나는 생김새가 서로 틀리다.
② 얼굴이 틀리다고 무시하면 안 된다.
③ 농구와 축구는 서로 틀린 운동이다.
④ 어제 수학 시간에 한 문제를 틀렸다.
⑤ 나와 동생은 서로 틀린 과일을 좋아한다.

[8. 바르게 말해요]

14 바르게 발음한 것은 어느 것인가요? ( )

① 넓다[널따] ② 굵다[굴따]
③ 얇다[얍따] ④ 맑다[말따]
⑤ 밟다[발따]

15~16

"가림아, 음식을 먹고 이를 잘 닦지 않았지? 이를 잘 닦지 않아 이가 썩었구나."
의사 선생님께서 썩은 이를 치료하셨습니다. 아프기도 하고 무섭기도 해서 나도 모르게 눈물이 찔끔찔끔 나왔습니다. 의사 선생님께서는 입 안에 음식 찌꺼기가 남아 있으면 입 안에 사는 세균이 이를 썩게 한다고 하셨습니다. 평소에 이를 잘 닦지 않은 것을 많이 후회했습니다. 이 닦기만 잘해도 이를 건강하게 지킬 수 있습니다. 이를 잘 닦지 않으면 이가 썩어서 아프고 건강을 해치니까 이를 잘 닦는 습관을 길러야겠습니다.

[9. 주요 내용을 찾아요]

15 글쓴이가 하고 싶은 말은 무엇인가요? ( )

① 이를 잘 닦자.
② 후회를 하지 말자.
③ 몸을 깨끗이 씻자.
④ 음식을 골고루 먹자.
⑤ 건강을 위해 운동을 하자.

[9. 주요 내용을 찾아요]

16 주요 내용을 찾는 방법에 맞게 보기 에서 알맞은 말을 골라 빈칸에 각각 쓰세요.

> 보기
>
> 하고 싶은 말   까닭   제목

(1) [   ]을 보고 무엇에 대한 내용인지 짐작한다.
(2) 글쓴이가 [   ]이 무엇인지 찾는다.
(3) 글쓴이가 그렇게 말한 [   ]을 찾는다.

17~18

가
> 너는 정말 발표를 잘해. 또박또박 말을 잘하는 것 같아.

> 그래?

나
> 너는 정말 글씨를 예쁘게 쓰는 것 같아. 네 공책은 진짜 깨끗하게 정리된 느낌이야.

> 칭찬해 줘서 고마워. 하지만 네 글씨도 바른걸? 선생님께서 항상 칭찬해 주시잖아.

[10. 칭찬하는 말을 주고받아요]

17 대화 가와 대화 나에서 여자아이는 남자아이의 어떤 점을 각각 칭찬하고 있는지 쓰세요.

(1) 대화 가: (   )

(2) 대화 나: (   )

서술형

[10. 칭찬하는 말을 주고받아요]

18 대화 가와 대화 나 가운데에서 어느 쪽이 대답하는 말을 더 잘했는지 그렇게 생각하는 까닭과 함께 쓰세요.

(1) 대답하는 말을 잘한 쪽: (   )

(2) 그렇게 생각하는 까닭: _____

_____

19~20

제페토 할아버지: (기지개를 켜며) 아, 잘 잤다. 오늘은 날씨가 참 좋군.

피노키오: 안녕히 주무셨어요, 할아버지?

제페토 할아버지: ㉠아이고, 깜짝이야. 누가 지금 이야기를 했지?

피노키오: 할아버지, 저예요. 저는 말도 하고 움직일 수도 있어요.

제페토 아버지: 아니? 이…… 이런……, 너…… 넌 유령이냐?

피노키오: 아니에요, 할아버지. 어제 만든 나무 인형 피노키오예요.

제페토 할아버지: 정말 네가 말을 하고 움직일 수 있는 거니?

피노키오: 네. 어젯밤에 요정이 나타나서 할아버지의 소원을 들어준 거예요.

[11. 실감 나게 표현해요]

19 피노키오의 마음으로 알맞은 것은 어느 것인가요? (   )

① 신남
② 화남
③ 무서움
④ 미안함
⑤ 부끄러움

[11. 실감 나게 표현해요]

20 ㉠에 어울리는 몸짓은 무엇인가요? (   )

① 주위를 두리번거린다.
② 두 손으로 눈을 가린다.
③ 두 팔을 벌려 춤을 춘다.
④ 몸을 웅크린 채 벌벌 떤다.
⑤ 화를 내듯 발을 동동 구른다.

마무리 평가

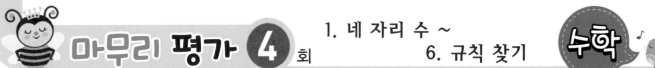

1 숫자 7이 나타내는 값이 가장 큰 수는 어느 것인가요? (   )   [1. 네 자리 수]

① 235<u>7</u> 　　② 6<u>2</u>75
③ 5<u>7</u>82 　　④ <u>7</u>256
⑤ 53<u>7</u>6

2 다음에서 설명하는 네 자리 수를 구하세요.   [1. 네 자리 수]

- 십의 자리 숫자는 8, 일의 자리 숫자는 2 입니다.
- 백의 자리 숫자는 십의 자리 숫자보다 큽 니다.
- 각 자리 숫자의 합은 28입니다.

(   )

3 수 카드를 한 번씩 사용하여 만들 수 있는 네 자리 수 중에서 8000보다 큰 수는 몇 개인가요?   [1. 네 자리 수]

| 8 | 6 | 4 | 5 |

(   )개

4 두 수의 크기를 비교하여 ○ 안에 > 또는 <를 써넣으세요.   [1. 네 자리 수]

(1) 4786 ◯ 4784

(2) 5646 ◯ 5732

(3) 6254 ◯ 6249

5 참외를 5개씩 접시에 담았습니다. ☐ 안에 알맞은 수를 써넣으세요.   [2. 곱셈구구]

5× ☐ = ☐

6 곱셈표에서 곱이 가장 큰 것을 찾아 기호를 쓰세요.   [2. 곱셈구구]

×	2	5	8	9
3	㉠			
4		㉡		
6		㉢		㉣
7			㉤	

(   )

서술형

7 다음을 읽고, 수현이 할머니의 연세는 몇 세인지 풀이 과정을 쓰고 답을 구하세요.   [2. 곱셈구구]

- 수현이의 나이는 9세입니다.
- 수현이 할머니는 수현이 나이의 6배보다 5세 많습니다.

_____

_____

(   )세

8 길이의 합을 구해 보세요.　[3. 길이 재기]

$$\begin{array}{r} 3 \ \text{m} \quad 34 \ \text{cm} \\ + \quad 9 \ \text{m} \quad 49 \ \text{cm} \\ \hline \end{array}$$

☐ m ☐ cm

9 다음 중 가장 긴 길이와 가장 짧은 길이의 합을 구해 보세요.　[3. 길이 재기]

| ㉠ 125 cm | ㉡ 136 cm |
| ㉢ 2 m 3 cm | ㉣ 1 m 15 cm |

☐ m ☐ cm

서술형

10 운동장에 네모 모양을 그리고 긴 쪽의 길이를 재었더니 2 m 60 cm이고, 짧은 쪽의 길이를 재었더니 125 cm입니다. 네모 모양의 긴 쪽의 길이와 짧은 쪽의 길이의 차는 몇 m 몇 cm인지 풀이 과정을 쓰고 답을 구하세요.　[3. 길이 재기]

（　　　　　　　）

11 서현이의 한 뼘은 10 cm이고 어머니의 한 뼘은 20 cm입니다. 어머니가 액자의 가로를 재어 보았더니 5뼘이었습니다. 서현이가 액자의 가로를 재어 보면 약 몇 뼘일까요?　[3. 길이 재기]

（　　　　　　　）뼘

12 아라는 1시 35분에 어머니와 함께 편의점에 갔습니다. 시각에 맞게 시계에 바늘을 그려 넣으세요.　[4. 시각과 시간]

13 노호가 박물관에 있었던 시간을 시간 띠에 나타내고, 몇 시간인지 구해 보세요.　[4. 시각과 시간]

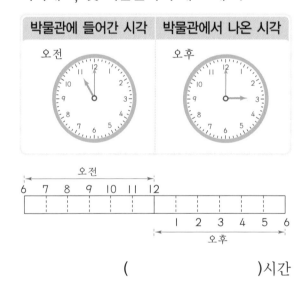

| 박물관에 들어간 시각 | 박물관에서 나온 시각 |
| 오전 | 오후 |

（　　　　　　　）시간

14 다음은 어느 해 12월 달력의 일부분입니다. 12월에는 수요일이 몇 번 있는지 쓰세요.　[4. 시각과 시간]

12월

일	월	화	수	목	금	토
			1	2	3	4	5
6	7	8	9	10	11	12

（　　　　　　　）번

[5. 표와 그래프]

15 초록이는 친구들과 함께 투호 놀이를 하여 화살이 들어가면 ○표, 들어가지 않으면 × 표를 하였습니다. 화살이 들어간 횟수로 표를 나타내어 보세요.

〈투호 놀이 결과〉

이름＼횟수	1	2	3	4	5
초록	○	○	×	×	○
보라	×	○	×	○	×
다홍	×	×	○	×	×

〈화살이 들어간 횟수〉

이름	초록	보라	다홍	합계
횟수(번)				

[5. 표와 그래프]

16 다음 그래프를 보고 조사에 참가한 학생은 모두 몇 명인지 쓰세요.

〈좋아하는 꽃별 학생 수〉

5		○		
4		○	○	
3	○	○	○	
2	○	○	○	○
1	○	○	○	○
학생 수(명)／꽃	장미	목련	진달래	벚꽃

(   )명

[6. 규칙 찾기]

17 규칙에 따라 빈 카드에 알맞은 수를 써넣으세요.

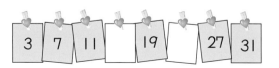

3	7	11		19		27	31

[6. 규칙 찾기]

18 곱셈표에서 초록색 점선을 따라 접었을 때 만나는 수들에는 어떤 규칙이 있는지 쓰세요.

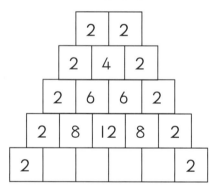

×	5	6	7	8	9
5	25	30	35	40	45
6	30	36	42	48	54
7	35	42	49	56	63
8	40	48	56	64	72
9	45	54	63	72	81

[6. 규칙 찾기]

19 규칙에 따라 표를 완성하세요.

			2	2			
		2	4	2			
	2	6	6	2			
	2	8	12	8	2		
2							2

서술형

[6. 규칙 찾기]

20 다음 쌓기나무를 쌓은 규칙을 쓰세요.

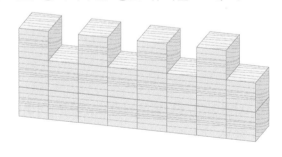

가을

[1. 동네 한 바퀴]

1 다음은 동네의 모습을 그림으로 그리는 과정입니다. 빈칸에 들어갈 알맞은 말을 쓰세요.

> ① 　　　를 중심으로 길을 그린다.
> ② 그린 것을 색칠해서 붙인다.
> ③ 동네 모습을 설명한다.

（　　　　　　）

[1. 동네 한 바퀴]

2 ㉠과 ㉡에 들어갈 알맞은 직업을 각각 쓰세요.

> 학교에서 학생들을 가르치는 분은 ㉠ 고, 길거리를 청소하시는 분은 ㉡ 이다.

㉠ （　　　　　　）
㉡ （　　　　　　）

[1. 동네 한 바퀴]

3 직업 놀이를 할 때 앞치마, 칼, 도마 등의 준비물이 필요한 직업은 어느 것인가요?

（　　　　）

① 　②
▲ 야구 선수　　▲ 요리사

③ 　④
▲ 화가　　　　▲ 수의사

[1. 동네 한 바퀴]

4 다음에서 설명하는 노래는 무엇인가요?

（　　　　）

> • 일을 하면서 부르는 노동요다.
> • 무거운 짐을 나를 때 발을 맞추면서 부른다.

① 목도소리　　② 세계 여행
③ 가을 바람　　④ 장사꾼 노래
⑤ 소리개 떴다

서술형

[1. 동네 한 바퀴]

5 우리를 위해 일하는 동네 사람을 정하고, 그분이 있어서 고마운 점을 한 가지 쓰세요.

_____

_____

[2. 가을아 어디 있니]

6 도서관을 이용하는 방법으로 바르지 않은 것은 어느 것인가요? （　　　　）

① 도서관에 있는 책에 낙서를 한다.
② 다 읽은 책은 정해진 곳에 놓는다.
③ 정해진 자리에 앉아 바르게 책을 읽는다.
④ 책을 빌리거나 반납하기 위해 줄을 선다.
⑤ 꼭 할 말이 있으면 소곤소곤 이야기한다.

[2. 가을아 어디 있니]

7 다음 그림과 같이 가을철 농부들이 열매를 거두어들이는 것을 무엇이라고 하는지 쓰세요.

（　　　　　　）

[2. 가을아 어디 있니]

8 다음 사진은 어떤 과일을 반으로 자른 것인가요? (　　)

① 감
② 밤
③ 배
④ 사과
⑤ 포도

[2. 가을아 어디 있니]

9 가을의 색으로 알맞지 <u>않은</u> 것은 어느 것인가요? (　　)

① 도토리의 갈색
② 사과의 빨간색
③ 낙엽의 주황색
④ 눈사람의 하얀색
⑤ 은행잎의 노란색

[2. 가을아 어디 있니]

10 질서에 대해 바르게 이야기하는 친구의 이름을 쓰세요.

> • **민규**: 질서란 박물관에서 뛰어다니는 것을 말해.
> • **선우**: 질서란 버스 안에서 안전띠를 매고 조용히 있는 것을 말해.
> • **강현**: 질서란 체험 학습을 마치고 돌아올 때 쓰레기를 아무 곳에나 버리는 것을 말해.

(　　　　　　)

겨울

[1. 두근 두근 세계 여행]

11 내가 가고 싶은 나라를 조사한 내용입니다. 어떤 나라를 조사한 것인가요? (　　)

> • 전통 의상: 치파오, 창파오
> • 음식: 딤섬, 베이징 오리구이
> • 문화재: 만리장성, 자금성, 진시황릉

① 부탄　　　② 일본　　　③ 미국
④ 중국　　　⑤ 인도

[1. 두근 두근 세계 여행]

12 다음 자랑거리를 어느 나라에서 볼 수 있는 것인지 쓰세요.

(1)　　　　　　　　(2)

(　　　　　　) (　　　　　　)

서술형

[1. 두근 두근 세계 여행]

13 다른 나라의 문화를 대하는 바른 태도를 한 가지 쓰세요.

_____

_____

[1. 두근 두근 세계 여행]

14 다음에서 설명하는 장난감의 이름을 쓰세요.

　요요처럼 당겨서 양옆 받침대 혹은 위 뾰족한 곳에 끼워 넣는 일본의 장난감이다.

(　　　　　　)

15 다른 나라 친구를 길에 서 만났을 때 지켜야 할 일은 어느 것인가요?
( )

① 공공 예절을 잘 지킨다.

② 시끄럽게 떠들지 않는다.

③ 힐끗힐끗 쳐다보지 않는다.

④ 미소 짓는 얼굴로 이야기한다.

⑤ 도움 받을 수 있는 곳을 알려준다.

16 빈칸에 들어갈 알맞은 동물은 무엇인가 요? ( )

┌─────────────────────────────┐
│ ☐ : 겨울엔 먹을 것이 부족해, 그래서 │
│ 가을에 먹이를 많이 먹은 후에 동 │
│ 굴에서 잠을 자. │
└─────────────────────────────┘

① 뱀

② 곰

③ 개구리

④ 호랑이

⑤ 무당벌레

17 겨울철 식물을 보호하는 방법으로 바른 것 을 모두 고르세요. (,)

① 뜨거운 물을 준다.

② 나뭇가지를 모두 꺾는다.

③ 나무에 볏짚을 둘러 준다.

④ 실외에 있는 화분을 그대로 둔다.

⑤ 화분이나 나무에 영양제를 꽂아 준다.

18 여름과 겨울에 모두 볼 수 있는 새를 모두 찾아 쓰세요.

여름에 볼 수 있는 새	물총새, 백로, 해오라기, 참새, 까치, 꿩
겨울에 볼 수 있는 새	고니, 청둥오리, 참새, 까치, 꿩

( )

19 겨울 방학 생활 계획을 실천하는 방법으로 바른 것은 어느 것인가요? ( )

① 실천 가능한 계획을 세운다.

② 해야 할 일을 모두 계획표에 넣는다.

③ 계획을 실천하려고 노력하지 않는다.

④ 하고 싶은 일을 모두 계획표에 넣는다.

⑤ 매일 하는 잠자고 밥 먹는 일은 계획을 세우지 않는다.

20 3학년이 되면 달라지는 것을 모두 골라 기 호를 쓰세요.

┌─────────────────────────────┐
│ ㉠ 지금 선생님과 공부한다. │
│ ㉡ 새로운 교과서로 공부한다. │
│ ㉢ 학급 친구가 모두 2학년 때와 같다. │
│ ㉣ 사회, 과학, 음악 등 과목이 많아진다. │
└─────────────────────────────┘

(,)

마무리 평가

점수 기록표

과목	횟수	틀린 문항	점수	확인
국어	1회			
	2회			
	3회			
	4회			
수학	1회			
	2회			
	3회			
	4회			
가을·겨울	1회			
	2회			
	3회			
	4회			

전과목

단원평가
총정리

정답과 풀이   2·2

정답과 풀이

단원 평가

[국어]

 **국어 1 회** 10~13쪽

1 소미 2 ⑤ 3 ③ 4 ㉙ 즐거운 마음 / 행복함 5 ⑤ 6 재미있는 이야기 7 ④ 8 ③ 9 ㉢, ㉣ 10 ㉙ 지난 토요일에 가족과 나들이할 때 힘들게 산에 올라갔던 일이 인상 깊었다. / 어제 가게 옆 골목길에서 고양이를 본 일이 인상 깊었다. 배가 너무 고파 보여 불쌍했다. 11 ㉙ (새 운동화를 신고) 술래잡기한 일 12 ②, ⑤ 13 ① 14 어머니 얼굴을 그린 그림과 생신 축하 쪽지 15 (1) 찾으러 (2) 누구 생일이지?

국어 활동 확인

1 ❶-❷-❸ 2 (2) ○ 3 (1) ㉙ 오빠와 함께 놀고 싶은 마음 (2) ㉙ 동생이 따라와서 귀찮은 마음

풀이

1 소미는 시를 읽고 재미있었던 부분에 대해, 진우는 이야기의 줄거리에 대해 소개했습니다.

3 시의 내용에 어울리는 장면을 떠올려야 합니다. ⑤는 인물의 마음이 아니라 시의 내용을 생각하며 장면을 떠올린 것입니다.

7 도둑은 자기가 몰래 들어온 것을 아는 듯이 말하는 할아버지와 할머니의 말을 듣고 놀랍고도 무서운 마음이 들었을 것입니다.

9 인물의 생각이나 느낌은 인물이 한 말이나, 인물의 생각이나 느낌을 표현한 문장에 나타나 있습니다.

11 맨 마지막에 술래잡기한 일이 인상 깊게 남아서 글을 잘 쓸 수 있었다고 말한 부분에서 알 수 있습니다.

12 어머니께서는 가은이의 글에서 대화 부분이 실감 나고, 겪은 일을 생각과 느낌이 잘 드러나게 썼다고 칭찬하셨습니다.

13 부모님께 선물 받은 일은 기뻤던 일에 대한 글감으로 알맞습니다.

14 어머니의 생신 선물로 어머니 얼굴을 정성껏 그려 생신 축하 쪽지와 함께 드렸습니다.

15 알맞은 맞춤법과 문장 부호를 사용해 바르게 고쳐 씁니다.

국어 활동 확인

2 동생 온이가 따라오는 것이 싫어서 한 말이므로 화를 내는 표정이 어울립니다.

3 동생 온이는 오빠를 좋아해서 오빠만 따라하고, 오빠 손이는 그런 동생을 귀찮아하고 있습니다.

 **국어 2 회** 16~19쪽

1 두둥실 2 ① 3 ㉙ 형과 동생은 서로 와락 끌어안았어요. / 형과 동생은 서로를 끌어안고 빙긋빙긋 웃었어요. 4 ①, ④ 5 (1) 대롱대롱 (2) 뿡 (3) 쿨쿨 (4) 주르륵 6 ㉡ 7 ㉙ 제비는 제비인데 먹을 수 있는 제비는? / 깨는 깨인데 못 먹는 깨는? / 산은 산인데 오르지 못하는 산은? 8 ① 9 ⑤ 10 ② 11 ④ 12 (1)-㉠ (2)-㉡ 13 ③ 14 ② 15 ㉙ 가족과 함께 맛있는 음식을 먹을 때 행복한 마음이 들었다. / 친한 친구의 생일 파티에 초대를 받았을 때 행복한 마음이 들었다.

국어 활동 확인

1 (1) ㉙ 걸어 다니나요? (2) ㉙ 이름은 몇 글자인가요? (3) ㉙ 어떤 소리를 내나요? (4) ㉙ 벌, 잠자리, 매미 (5) 참새 2 (1)-② (2)-① 3 ㉙ 슬퍼요. / ㉙ 궁금해요.

풀이

2 남몰래 걷는 모습과 놀라는 모습을 흉내 내는 말을 찾아봅니다.

3 그림에서 형과 동생은 서로 끌어안은 채 웃고 있으므로 끌어안는 모습이나 웃고 있는 모습을 흉내 내는 말이 어울립니다.

4 흉내 내는 말을 넣어 글을 쓰면 느낌이 더 생생하고 실감 납니다. 또, 글을 더 자세하게 쓸 수 있습니다.

5 그림 속 인물의 행동에 어울리는 흉내 내는 말을 찾아봅니다.

6 ㉠은 이름을 이용해 만든 수수께끼이고, ㉢은 서로 다른 점을 생각해 만든 수수께끼입니다.

8 낱말의 마지막 글자를 첫 글자로 하는 말 잇기 놀이입니다.

9 엄마는 강아지가 가족을 그리워하는 것 같다고 했습니다.

10 미니는 집으로 데리고 온 강아지와 놀고 싶어 신이 나고 설렜을 것입니다.

11 텔레비전은 방송이 끝날 때까지 텔레비전을 보는 가족 때문에 지치고 힘들어했습니다.

12 텔레비전은 너무 힘들어 쉬고 싶어 했고, 텔레비전이 멈추어 버리자 아빠는 당황스러운 표정을 하고 있습니다.

13 나를 도와준 친구에게 고마운 마음이 들었을 것입니다.

14 어질러진 방을 깨끗이 청소하면 흐뭇하고 보람을 느끼게 됩니다.

15 주변 사람들과 함께해서 행복했던 경험을 떠올려 글로 써 봅니다.

국어 활동 확인

2 앞 글자의 받침이 뒤 글자의 첫 소리로 옮겨져 소리 납니다.

3 인물의 말을 살펴보면 인물의 마음을 짐작할 수 있습니다.

국어 3회 22~25쪽

1 탁 타타탁, 펑펑 펑펑 **2** ⑤ **3** ㉣ **4** ①, ⑤ **5** (1) 생각이나 느낌 (2) 반복되는 말 **6** ③ **7** 예 알록달록 천으론 무얼 만들까 **8** (1)-㉢ (2)-㉠ (3)-㉢ **9** ② **10** ③ **11** (1)-글 나 (2)-예 소개하는 내용을 자세하게 썼다. / 소개하는 사람의 특징이 잘 드러나게 썼다. **12** 흥부 **13** ⑤ **14** (1) 옆에서 (2) 많이 (3) 그림을 (4) 앉아 **15** (1) 집에 (2) 없이

국어 활동 확인

1 예쁜 꽃 / 방글방글 웃는 아기 / 씽씽 달리는 빨간 자동차 **2** (1)-② (2)-② (3)-① **3** 바람을, 깨끗이, 동물을, 옆에, 많이, 길에, 그림을

풀이

1 팝콘이 튀는 모습을 '탁 타타탁', '펑펑 펑펑'처럼 재미있게 표현했습니다.

2 옥수수 알갱이가 부풀어 오르면서 냄비 뚜껑을 열고 나갈 것 같아서입니다.

3 이 시에는 맛을 본 것에 대한 경험은 나타나 있지 않습니다.

4 강아지가 어떤 종류인지, 강아지에 대한 민수의 생각은 무엇인지는 나와 있지 않습니다.

5 겪은 일을 시나 노래로 표현할 때 겪은 일에 대한 생각이나 느낌이 잘 드러나게 쓰고, 긴 문장은 행을 나누어 써야 내용을 더 또렷이 알 수 있습니다. 또, 반복되는 말을 사용하면 리듬감을 나타낼 수 있습니다.

6 알록달록 색종이로 여러 가지 모양을 접은 일을 노래로 나타냈습니다.

7 색종이 대신 색깔이 들어간 대상을 생각해 바꾸어 써 봅니다.

8 책 속 인물의 특징을 찾아 선으로 바르게 이어 봅니다.

9 키가 크고 눈썹이 진하다는 것은 생긴 모습에 대해 소개하는 것입니다.

10 이번에 새로 짝이 된 친구에 대해 소개하는 글입니다.

11 글 가는 소개하는 사람의 성별밖에 드러나 있지 않지만, 글 나는 소개하는 사람의 특징이 자세히 잘 드러나 있습니다.

12 소개하는 인물의 특징을 잘 파악해 보고 그 인물이 누구인지 떠올려 봅니다.

13 닮고 싶은 사람은 이 글에 나와 있지 않습니다.

14 글자와 다르게 소리 나는 낱말을 정확하게 씁니다.

15 [지베]는 '집에'로, [업씨]는 '없이'로 고쳐 써야 합니다.

국어 활동 확인

1 뒤의 말이 앞으로 와 꾸며 주는 말이 됩니다.

2 틀리기 쉬운 발음에 주의하며 글자를 읽어 봅니다.

3 '취미는', '청소를', '노래를'은 글자와 소리가 같은 낱말입니다.

국어 **4** 회 28~31쪽

1 ①, ②, ⑤ 2 ㉠ 아침에 ㉡ 점심때 3 ②
4 ②, ③ 5 ① 6 활짝 7 ③, ④ 8 겨울
9 ⑤ 10 ②, ⑤ 11 비싸고 좋은 옷 12 ⑤
13 이해, 재미있게 14 ①, ②, ③ 15 ③

국어 활동 확인

1 (1) 올챙이 (2) 뒷다리 (3) 개구리 2 3-1-2

풀이

1 주인공인 생쥐 콩이와 일개미, 애벌레, 여왕개미가 등장합니다.

2 일이 일어난 차례나 장소에 따라 이야기의 내용을 정리할 수 있습니다.

3 ②의 내용은 이 글에 나와 있지 않습니다.

4 정원의 주인인 거인은 무시무시하고, 정원에서 행복하게 노는 아이들을 고함을 질러 내쫓았습니다.

5 아이들 덕분에 봄이 온 걸 알고는 눈이 휘둥그레질 만큼 놀랐을 것입니다.

6 꽃이 어떻게 핀다고 했는지 글에서 찾아봅니다.

7 거인이 살며시 웃었다는 내용과 해가 쨍쨍 내리쬐었다는 내용은 나와 있지 않습니다.

8 일이 일어난 차례를 나타내는 말을 찾으면 일이 일어난 때를 알 수 있습니다.

9 거인은 꽃들도 새들도 아름답지만 세상에서 가장 아름다운 건 바로 아이들이라고 했습니다.

10 할아버지가 된 거인의 말과 행동으로 보아 아이들을 사랑하며 인자한 모습일 것입니다.

11 엘리자베스가 살고 있는 성에는 비싸고 좋은 옷이 많았습니다.

12 일이 일어난 차례를 알 수 있는 말로 시간을 나타내는 말을 찾아봅니다.

13 인물의 모습을 상상하며 이야기를 들으면 인물에 대해 잘 이해할 수 있고, 이야기를 재미있게 들을 수 있습니다.

14 어느 날 아침 무렵, 무서운 용 한 마리가 나타나 공주의 성을 부수고 뜨거운 불길을 내뿜어 공주의 옷을 몽땅 불사르고 로널드 왕자를 잡아가 버렸습니다.

15 어느 날 아침 무렵, 용 한 마리가 나타나 성을 부수고 로널드 왕자를 잡아가 버렸고, 점심때가 채 안 되어서 공주는 용이 사는 동굴 앞에 도착했습니다.

국어 활동 확인

1 노랫말을 떠올려 노래를 불러 봅니다.

2 게을렀던 게으름뱅이가 쇠머리 탈을 쓰고 난 뒤에 부지런해졌습니다.

국어 5회 34~37쪽

1 중국 2 ⑤ 3 다르구나 4 (1)-ㄹ (2)-ㄷ
(3)-ㄱ (4)-ㄴ 5 예 민주는 나보다 키가 작다.
/ 동생은 나보다 키가 작다. 6 ④, ⑤ 7 ⑤
8 ④ 9 ② 10 ③, ⑤ 11 ⑤ 12 ④ 13
② 14 ④ 15 (1) 예 고양이 목에 방울 달기
(2) 예 고양이가 오는 것을 알고 미리 도망을
갈 수 있어 쥐들이 잡혀가지 않을 수 있다.

국어 활동 확인

1 (1) 가르치셨다. (2) 잊어버렸다. 2 (2)
○ 3 예 쓰레기를 함부로 버리지 않아야
한다.

풀이

1 추석 때 중국에 갔다 왔고, 월병을 먹었다고 했으
므로 장페이의 고향은 중국이라는 것을 짐작할
수 있습니다.

2 '중국은 우리나라랑 다르다'라고 말해야 하는데,
민수는 '틀리다'는 말을 사용해 민수의 말이 장
페이가 뭔가 잘못된 것처럼 들린 것입니다.

3 '틀리다'는 계산이나 사실 등이 맞지 않을 때 쓰
고, '다르다'는 어떤 점이 서로 같지 않다고 할
때 씁니다.

4 '크다'와 '많다', '잊다'와 '잃다'처럼 혼동하기
쉬운 낱말과 그 뜻을 정확히 알도록 합니다.

5 키나 몸집을 비교하는 그림이므로 '작다'라는 낱
말을 넣어 문장을 써야 합니다.

6 바른 말을 사용하면 자신의 생각을 정확하게 표
현할 수 있고, 다른 사람과 대화할 때 오해를 줄
일 수 있습니다. 또, 우리말을 소중히 생각하게
됩니다. 바른 말을 사용한다고 해서 느낌을 더 재
미있게 나타낼 수 있는 것은 아닙니다.

7 저녁을 먹고 나서 노래를 부르며 놀았다고 했습
니다.

8 가족은[가조근], 공놀이[공노리], 접시[접씨], 주

먹밥[주먹빱]으로 소리 납니다.

9 알림 활동이란 올바른 일을 많은 사람에게 널리
알리는 일을 말합니다. 혼자 속으로 생각하기는
알림 활동이라고 볼 수 없습니다.

10 '이름을 써 놓지 않으면~낭비될 거야.' 부분에
나와 있습니다.

11 글의 주요 내용은 대부분 글의 처음이나 끝 부분
에 나타나 있습니다. 현진이가 말하고자 하는 주
요 내용은 주인을 쉽게 찾을 수 있도록 학용품에
이름을 쓰자는 것입니다.

13 이를 잘 닦지 않으면 이가 썩어서 아프고 건강을
해치니까 이를 잘 닦는 습관을 길러야겠다고 했
습니다.

14 할아버지 쥐는 고양이에게 잡혀가는 가족을 더
이상 잃을 수 없어 가족회의를 열어 그 방법을 찾
아보려고 했습니다.

15 첫째 쥐의 '이웃 마을로 이사 가기', 둘째 쥐의
'한 명씩 돌아가며 망 보기', 셋째 쥐의 '고양이
목에 방울 달기'의 의견 가운데에서 가장 좋다고
생각하는 것을 까닭과 함께 글로 써 봅니다.

다시 한 번 확인해요!

주요 내용을 확인하고 자신의 생각 말하기 ➡ 33쪽

• 제목을 보고 내용을 짐작해 봅니다.
• 글을 읽고 글의 내용을 파악해 봅니다.
• 글에 나타낸 인물들의 생각을 정리하고, 그 생각
가운데에서 좋은 방법을 고릅니다.
• 자신이 생각하는 해결 방법과 까닭을 정리합니다.
• 정리한 생각을 바탕으로 하여 친구들 앞에서 발
표합니다.

국어 활동 확인

1 선생님께서는 공부를 가르치시고, 여자아이는 앨
범을 보며 잊어버린 친구의 이름을 기억해 내려
하고 있습니다.

2 생각을 하나의 긴 문장으로 나타내어 무슨 뜻인
지 이해하기 어렵습니다.

1 ⑤　**2** ①　**3** ③　**4** ③　**5** 예 아픈 친구를 대신해 가방을 들어 준 너는 정말 친절하구나. 너를 본받고 싶어.　**6** 목소리가 좋고 노래를 잘 부르는 것　**7** ②　**8** 예 너무 부풀려 칭찬해서 진심으로 느껴지지 않는다.　**9** ①, ③, ④　**10** ①　**11** 예 손으로 눈을 탈탈 터는 흉내를 낸다. / "앗, 차가워!"라고 말하며 눈을 피하는 몸짓을 한다.　**12** 피노키오가 친아들이었으면 하는 것　**13** ①　**14** ①　**15** ④

국어 활동 확인

1 예 아플 때 보살펴 주심. / 예 맛있는 요리를 해 주심.　**2** (2) ○ (3) ○　**3** 땀을 닦으며 / 다리를 부들부들 떨며

풀이

1 막내는 정신이 아찔할 정도로 무서웠지만 기러기 가족의 칭찬으로 회오리바람을 이겨낼 수 있었습니다.

2 막내 기러기는 칭찬을 해 준 기러기들에게 겸손한 태도로 고마움을 표시했습니다.

3 칭찬하는 말을 해 준 상대방에게 겸손한 태도로 고마움을 표시하고, 칭찬 받은 일에 대해 기쁨을 표시합니다.

4 줄넘기를 열심히 연습하거나 잘하는 점에 대해 칭찬하는 말이 어울립니다.

5 다리를 다친 친구의 가방을 들어 주는 친구에게 친절하다고 칭찬하거나 본받고 싶다고 말하는 것이 알맞습니다.

6 그림 속 남자아이는 여자아이의 목소리가 좋다면서 노래를 잘 부르는 것을 칭찬했습니다.

7 여자아이는 자신을 칭찬해 준 남자아이를 달리기를 잘한다며 칭찬했습니다.

8 너무 부풀려 칭찬을 하면 진심으로 느껴지지 않습니다.

다시 한 번 확인해요!

칭찬하는 말에 대답하는 말을 하는 방법 ➡ 38쪽

• 고마움을 표시합니다.
• 상대의 칭찬할 점을 찾아 칭찬합니다.
• 겸손한 태도로 대답합니다.
• 칭찬받은 일에 대해 기쁘다고 이야기합니다.

9 아이들이 팽이치기, 썰매 타기, 눈싸움을 하고 있습니다.

10 그림 속에서 아이들은 겨울 놀이를 하면서 즐거워하고 있습니다.

11 눈싸움을 하다가 눈에 맞은 아이의 말과 행동을 어떻게 표현하면 좋을지 생각해 봅니다.

12 제페토 할아버지는 아들을 가지고 싶다는 소원을 가지고 나무 인형인 피노키오를 만들었습니다.

13 피노키오는 처음 움직이기 때문에 몸을 천천히 일으키며 말을 했습니다.

14 피노키오는 학교에 가기 싫어서 몰래 공연을 보러 온 것을 여우 괴물이 나타나서 자기를 끌고 왔다고 거짓말을 했습니다.

15 자신을 찾다가 바다에 빠진 할아버지의 소식을 들은 피노키오의 말은 걱정하는 목소리로 크게 말하는 것이 어울립니다.

다시 한 번 확인해요!

인물을 실감 나게 표현하는 방법 ➡ 39쪽

• 말의 높낮이와 빠르기, 크기를 다르게 합니다.
• 말과 행동에 어울리는 목소리로 말합니다.
• 특징에 맞는 몸짓을 분명하게 표현합니다.
• 인물의 특징이 잘 드러나게 표현합니다.
• 정면을 바라보며 행동합니다.

국어 활동 확인

1 우리를 위해 애써 주시는 엄마의 모습을 떠올려 봅니다.

2 베짱이는 신나는 표정으로 노래를 부르고 있습니다.

3 인물의 말과 표정을 보면 인물의 마음을 알 수 있습니다.

[수학]

 **1**회   50~53쪽

1 ⑤   **2** 10   **3** 400   **4** 40   **5** 4000   **6** 오렌지주스   **7** 2105, 이천백오   **8** 3462, 삼천사백육십이   **9** 예 1000원짜리 지폐 8장은 8000원, 100원짜리 동전 5개는 500원, 10원짜리 동전 2개는 20원이므로 로이가 낸 돈은 모두 8520원입니다. ; 8520   **10** 4, 3, 7, 400, 7   **11** ①   **12** 2, 6, 9   **13** ⑴ 2763 ⑵ 1266   **14** ⑤   **15** 예 10월 15일에는 3590원, 11월 15일에는 4590원, 12월 15일에는 5590원이 됩니다. 그러므로 크리스마스에는 5590원이 됩니다. ; 5590   **16** 미란   **17** ⑴ < ⑵ >   **18** 7542   **19** 8564, 9005   **20** 예 천의 자리 숫자가 큰 것은 5837과 5497입니다. 5837과 5497 중 백의 자리 숫자가 큰 것은 5837입니다. 그러므로 귤을 가장 많이 딴 사람은 시안입니다. ; 시안

> **탐구 수학 활동**
>
> **1** 1700   **2** 1, 7
> **3** 2000, 90, 2, 4, 9, 7

풀이

1 ① 1000
② 999+1=1000
③ 990+10=1000
④ 900+100=1000
⑤ 700+200=900

2 1000은 100이 10개인 수이므로 100개씩 담으려면 바구니는 10개 필요합니다.

3 1000은 100이 10개인 수입니다. 100원짜리 동전 5개와 10원짜리 동전 10개는 600원이 됩니다. 그러므로 1000원이 되려면 400원이 더 있어야 합니다.

4 1000은 960보다 40만큼 더 큰 수입니다.

5 1000원짜리가 4장이므로 4000원입니다.

6 5000원으로 치즈버거를 주문하는 데 3000원을 사용하면 2000원이 남습니다. 차림표에서 2000원인 음식은 오렌지주스입니다.

7 천 모형이 2개, 백 모형이 1개, 일 모형이 5개이므로 수 모형이 나타내는 수는 2105입니다. 2105는 이천백오라고 읽습니다.

8 1000이 3개, 100이 4개, 10이 6개, 1일 2개이므로 그림이 나타내는 수는 3462입니다. 3462는 삼천사백육십이라고 읽습니다.

10 9437은 1000이 9개, 100이 4개, 10이 3개, 1이 7개이므로 9437=9000+400+30+7입니다.

11 숫자 2가 나타내는 수는 다음과 같습니다.
① 2000 ② 200 ③ 20 ④ 2 ⑤ 20

12 십의 자리 숫자가 4이므로 나머지 숫자 9, 2, 6을 작은 것부터 순서대로 천의 자리, 백의 자리, 일의 자리에 각각 넣으면 가장 작은 네 자리 수가 됩니다.

13 ⑴ 백의 자리 숫자가 각각 1씩 커지므로 100씩 뛰어 센 것입니다.
⑵ 십의 자리 숫자가 각각 1씩 커지므로 10씩 뛰어 센 것입니다.

14 ① 3370 ② 3460 ③ 3490
④ 3570 ⑤ 3590

16 1000이 3개, 100이 5개, 10이 7개, 1이 4개인 수는 3574입니다. 무현이는 3574를, 미란이는 3584를 말하였으므로 미란이가 더 큰 수를 말하였습니다.

17 ⑴ 천의 자리 수는 같고, 백의 자리 수가 다릅니다.(5<6)
⑵ 천의 자리 수와 백의 자리 수가 같고, 십의 자리 수가 다릅니다.(8>7)

18 가장 높은 자리부터 큰 수를 차례로 놓으면 7>5>4>2입니다.
따라서 가장 큰 수는 7542입니다.

19 $8390<\boxed{8400}<8564<9005<\boxed{9010}<9100$
따라서 8400보다 크고 9010보다 작은 수는 8564, 9005입니다.

탐구 수학 활동

1 9살은 9~11살에 해당하므로 필요한 하루 영양 섭취량은 1700칼로리입니다.

2 1700=1000+700이므로 천 모형이 1개, 백 모형이 7개 필요합니다.

![수학] **2회** 56~59쪽

1 6, 12 **2** 5, 20 **3** ⑴ 21 ⑵ 15 ⑶ 27
4 24, 36, 48 **5** 6, 24 **6** 민수 **7** 풀이 참조 **8** 48, 24, 72, 64에 색칠합니다. ;
4 **9** 3, 27, 3, 27 **10** 예 성호는 하루에 7마리씩 9일 동안 종이학을 접었으므로 성호가 접은 종이학은 모두 7×9=63(마리)입니다. ; 63 **11** 11 **12** 풀이 참조 **13** ④ **14** 72
15 풀이 참조 **16** 예 2×4와 3×6을 더합니다. 2×3과 4×5를 더합니다. **17** 2 **18** 72
19 9 **20** 예 고등어의 다리는 0개이므로 0×3=0(개)이고, 문어의 다리는 8개이므로 8×4=32(개)입니다. 그러므로 0+32=32(개)입니다. ; 32

탐구 수학 활동

1 3	2 12
3 15	4 3

풀이

1 개구리가 2마리씩 6개의 나뭇잎에 앉아 있으므로 2×6=12가 됩니다.

2 인형이 5개씩 4칸에 놓여 있으므로 5×4=20이 됩니다.

---

3 3의 단 곱셈구구를 외워 봅니다.
⑴ 3×7=21 ⑵ 3×5=15 ⑶ 3×9=27

4 6의 단 곱셈구구를 외워 봅니다.
6×4=24, 6×6=36, 6×8=48

5 4씩 6번 뛰어 세면 24입니다. ➜ 4×6=24

6 문어 다리는 8개이므로
8+8+8+8=8×4=32가 됩니다.

7
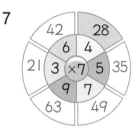
5×7=35, 7×7=49, 9×7=63,
3×7=21, 6×7=42

8 8×6=48, 8×3=24, 8×9=72, 8×8=64이므로 8의 단 곱셈구구의 값은 모두 4개입니다.

9 구슬이 27개 있으므로 3의 단에서는 3×9=27, 9의 단에서는 9×3=27로 나타낼 수 있습니다.

10 (하루에 접은 종이학의 수)×(접은 일수)=(9일 동안 접은 종이학의 수)가 됩니다.

11 1×1=1, 2×0=0, 3×0=0, 4×1=4, 5×0=0, 6×1=6이므로
1+0+0+4+0+6=11이 됩니다.

12
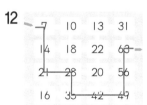
7×1=7, 7×2=14, 7×3=21, 7×4=28,
7×5=35, 7×6=42, 7×7=49, 7×8=56,
7×9=63

13 ① 3×8=24 ② 4×6=24 ③ 6×4=24
④ 6×7=42 ⑤ 8×3=24

14 나올 수 있는 곱은 8×1=8, 8×9=72, 8×5=40, 1×9=9, 1×5=5, 9×5=45입니다.
따라서 두 수의 곱이 가장 큰 곱은 8×9=72입니다.

15

×	5	6	7	8
5	25	30	35	40
6	30	36	42	48
7	35	42	49	56
8	40	48	56	64

16 모형은 모두 26개입니다. 26을 곱셈구구의 덧셈 등을 사용하여 다양한 방법으로 나타냅니다.

17 $3 \times 7 = 21$과 $4 \times 6 = 24$ 사이에 들어갈 수 있는 수는 22, 23이므로 2개입니다.

18 배의 개수: $6 \times 4 = 24$(개)

사과의 개수: $8 \times 6 = 48$(개)

배와 사과의 개수: $24 + 48 = 72$(개)

19 4개씩 □상자가 36개이므로 $4 \times □ = 36$입니다. 이때 □ 안에 들어갈 수는 9입니다.

탐구 수학 활동

1 3명이 한 조이므로 $3 \times 1 = 3$(명)입니다.

2 3명씩 4개조이므로 $3 \times 4 = 12$(명)입니다.

3 3명씩 5개조이므로 $3 \times 5 = 15$(명)입니다.

4 3×5는 3×4보다 3명이 더 많습니다.

수학 ❸ 회
62~65쪽

1 풀이 참조, 1 미터 20 센티미터 **2** ㉢ **3** ㉠ **4** 2, 30 **5** 1, 40 **6** 예 줄자의 눈금이 0에 맞추어지지 않고 5에 맞추어졌기 때문입니다. **7** 4, 50 **8** (1) 7, 74 (2) 9, 99
9 7 m 90 cm **10** 2, 35 **11** 99, 86
12 (1) 4, 36 (2) 5, 39 **13** 3, 23 **14** 1, 58
15 보연 **16** (1) 1, 65 (2) 5, 85 **17** ㉠
18 3 **19** ④ **20** (1) 민국 (2) 예 한 걸음이 약 50 cm이므로 22걸음이면 약 11 m이고, 16걸음이면 약 8 m이기 때문입니다.

탐구 수학 활동

1 (1) 55 (2) 3 (3) 3, 55 (4) 3, 55
2 (1) 15 (2) 1 (3) 1, 15 (4) 1, 15

풀이

1

1 m 20 cm

'm'와 'cm'의 모양과 쓰는 순서를 생각하며 바르게 씁니다. 'm'는 '미터', 'cm'는 '센티미터'라고 읽습니다.

2 ㉠ 101 cm = 1 m 1 cm

㉢ 2 m 30 cm = 230 cm

3 한 뼘의 길이는 cm, 색연필의 길이는 cm, 교실 문의 높이는 약 210 cm 또는 약 2 m, 학교 운동장 긴 쪽의 길이는 약 70 m에 해당합니다.

4 230 cm = 200 cm + 30 cm = 2 m 30 cm

5 책상의 한끝이 줄자의 눈금 0에 맞추어져 있으므로 다른 쪽 끝에 있는 줄자의 눈금을 읽으면 됩니다. 눈금이 140이므로 1 m 40 cm입니다.

6 줄자로 길이를 정확하게 재기 위해서는 줄자의 눈금 0에 맞추어져 있는지를 먼저 확인합니다.

7 3 m 20 cm + 1 m 30 cm

$= (3 \text{ m} + 1 \text{ m}) + (20 \text{ cm} + 30 \text{ cm})$

$= 4 \text{ m } 50 \text{ cm}$

8 (1) 5 m 34 cm + 2 m 40 cm

$= (5 \text{ m} + 2 \text{ m}) + (34 \text{ cm} + 40 \text{ cm})$

$= 7 \text{ m } 74 \text{ cm}$

(2) 3 m 25 cm + 6 m 74 cm

$= (3 \text{ m} + 6 \text{ m}) + (25 \text{ cm} + 74 \text{ cm})$

$= 9 \text{ m } 99 \text{ cm}$

9 4 m 64 cm + 3 m 26 cm

$= (4 \text{ m} + 3 \text{ m}) + (64 \text{ cm} + 26 \text{ cm})$

$= 7 \text{ m } 90 \text{ cm}$

10 1 m 20 cm = 120 cm이고,

1 m 12 cm = 112 cm입니다. 그러므로

1 m 12 cm < 1 m 20 cm < 123 cm입니다.

가장 큰 키와 가장 작은 키를 합하면

123 cm + 1 m 12 cm

$= 1 \text{ m } 23 \text{ cm} + 1 \text{ m } 12 \text{ cm}$

$= (1 \text{ m} + 1 \text{ m}) + (23 \text{ cm} + 12 \text{ cm})$

$= 2 \text{ m } 35 \text{ cm}$가 됩니다.

11 (집에서 병원을 지나 놀이터까지 가는 거리)

=(집에서 병원까지의 거리)

+(병원에서 놀이터까지의 거리)

=52 m 35 cm+47 m 51 cm

=(52 m+47 m)+(35 cm+51 cm)

=99 m 86 cm

12 (1) 7 m 80 cm−3 m 44 cm

=(7 m−3 m)+(80 cm−44 cm)

=4 m 36 cm

(2) 9 m 75 cm−4 m 36 cm

=(9 m−4 m)+(75 cm−36 cm)

=5 m 39 cm

13 3 m 72 cm−49 cm

=(3 m)+(72 cm−49 cm)

=3 m 23 cm

14 1 m 43 cm+15 cm

=(1 m)+(43 cm+15 cm)

=1 m 58 cm

15 연수: 2 m 40 cm−2 m 20 cm=20 cm의

차이가 납니다.

보연: 2 m 55 cm−2 m 40 cm=15 cm의

차이가 납니다.

16 (1) 3 m 80 cm−215 cm

=3 m 80 cm−2 m 15 cm

=(3 m−2 m)+(80 cm−15 cm)

=1 m 65 cm

(2) (㉠에서 ㉡까지의 길이)

+(㉡에서 ㉣까지의 길이)

=1 m 65 cm+4 m 20 cm

=5 m 85 cm

17 길이가 짧을수록 여러 번 재어야 합니다.

18 진오의 두 걸음이 1 m이고 방의 길이는 진오의

두 걸음의 길이의 약 3배이므로, 약 3 m입니다.

19 일반 어른의 키가 약 2 m이므로, 4층 건물의 높

이는 2 m의 4배 높이보다 높아야 합니다. 8 m

보다 높고, 8 m에 가장 가까운 높이는 10 m입

니다.

---

1 9   **2** 9, 10, 8, 9, 40   **3** (1) 4, 35 (2) 9,
25   **4** 5, 45   **5** 풀이 참조   **6** 5, 8   **7** (1) 5,
15 (2) 11, 5   **8** 은서   **9** (1) 1, 30 (2) 85
10 풀이 참조, 40   **11** 국어   **12** 105
13 ⑩ 6시 40분 ─1시간 전→ 5시 40분 ─20분 전→
5시 20분입니다. 따라서 마술 공연이 시작된
시각은 5시 20분입니다. ; 5, 20   **14** (1) 54
(2) 2, 12   **15** 풀이 참조, 4   **16** 오후   **17** 7
18 5   **19** 12, 14   **20** ⑩ 7월 20일 ─12일→
7월 31일 ─15일→ 8월 15일입니다. 따라서 공
연을 하는 기간은 27일입니다. ; 27

> **탐구 수학 활동**
>
> **1** (1) 3, 10 (2) 4, 40 (3) 90 (4) 1, 30

풀이

1 시계의 긴바늘이 가리키는 수가 1이면 5분, 2이
면 10분, 3이면 15분……, 9이면 45분, 10이
면 50분, 11이면 55분을 나타냅니다.

2 짧은바늘은 시를, 긴바늘은 분을 나타냅니다.

3 (1) 짧은바늘은 4와 5 사이에 있고, 긴바늘은 7
을 가리키고 있으므로 시계가 나타내는 시각
은 4시 35분입니다.

4 시계의 짧은바늘은 5와 6 사이를 가리키므로 5
시이고, 긴바늘은 9를 가리키므로 45분입니다.
그러므로 시계가 나타내는 시각은 5시 45분입
니다.

5

짧은바늘은 6과 7 사이를 가리키고, 긴바늘은 8
에서 작은 눈금 4칸 더 간 곳을 가리키도록 그립
니다.

6 긴바늘이 가리키는 작은 눈금 한 칸은 1분을 나

타내므로 1에서 작은 눈금 3칸을 더 간 곳은 5분에 3분을 더하여 8분이 됩니다.

7 (1) 4시 45분은 5시가 되기 15분 전의 시각과 같으므로 5시 15분 전이라고 합니다.

8 6시 15분 전은 5시 45분입니다.

9 (1) 90분=60분+30분=1시간+30분
=1시간 30분

(2) 1시간 25분=1시간+25분=60분+25분
=85분

10

10시 40분 —40분→ 11시 20분

11 국어 공부: 1시 20분 —55분 후→ 2시 15분

수학 공부: 2시 30분 —40분 후→ 3시 10분

12 4시 —1시간 후→ 5시 —45분 후→ 5시 45분

➡ 1시간 45분=60분+45분=105분

14 (1) 2일 6시간=1일+1일+6시간
=24시간+24시간+6시간
=54시간

(2) 60시간=24시간+24시간+12시간
=1일+1일+12시간=2일 12시간

15

오전 9시 —4시간→ 오후 1시

16 오후는 낮 12시부터 밤 12시까지입니다.

17 오전 9시 —3시간→ 낮 12시 —4시간→ 오후 4시

18 1일, 8일, 15일, 22일, 29일이 화요일입니다.

19 23일에서 3주일 후는 21일 후이므로
23+7=30(일)이 되고 7+7=14(일)이 더 지난
12월 14일이 됩니다.

20 7월은 31일까지 있으므로 7월 20일부터 31일까지 12일 동안 공연을 하고, 8월은 1일부터 15일까지 15일 동안 공연을 하므로
12+15=27(일)이 됩니다.

1 (3) 3시 10분 —50분→ 4시 —40분→ 4시 40분

3시 10분 20분 30분 40분 50분 4시 10분 20분 30분 40분 50분 5시

(4) 90분=60분+30분=1시간+30분=1시간 30분입니다.

수학 5회   74~77쪽

1 우유   2 리나, 시윤   3 풀이 참조   4 16
5 풀이 참조   6 풀이 참조   7 나라   8 18
9 풀이 참조   10 학생 수   11 ⑩ 가장 많은 학생이 좋아하는 꽃은 벚꽃입니다. 가장 적은 학생이 좋아하는 꽃은 붓꽃입니다.   12 5
13 11   14 ⑩ 8명인 학생 수를 나타낼 수 없기 때문입니다.   15 풀이 참조   16 풀이 참조   17 자료   18 그래프   19 풀이 참조   20 풀이 참조

탐구 수학 활동
1 5   2 회전목마

풀이

1 가인이네 반 학생들이 좋아하는 음료수를 조사한 자료를 보면 은서가 좋아하는 음료수는 우유입니다.

2 가인이네 반 학생들이 좋아하는 음료수를 조사한 자료를 보면 콜라를 좋아하는 학생은 리나와 시윤입니다.

3
음료수	우유	코코아	주스	콜라	합계
학생 수 (명)	//// ////	//// ////	//// ////	//// ////	
	7	3	4	2	16

음료수의 종류에 따라 겹치지 않게 표시를 하면서 세어 봅니다.

4 표에서 합계를 보면 가인이네 반 학생의 수를 알 수 있습니다. 모두 16명입니다.

5

나라	영국	미국	일본	중국	합계
학생 수 (명)	𝍸𝍸𝍸𝍸𝍸	𝍸𝍸𝍸𝍸	𝍸𝍸𝍸	𝍸𝍸𝍸𝍸	
	5	4	3	4	16

나라별로 겹치지 않게 표시를 하면서 세어 봅니다.

6

5	○			
4	○	○		○
3	○	○	○	○
2	○	○	○	○
1	○	○	○	○
학생 수(명) / 나라	영국	미국	일본	중국

가 보고 싶은 나라별 학생 수만큼 아래에서 위로 한 칸에 하나씩 ○를 그립니다.

7 그래프의 가로에 나타낸 것은 나라이고, 세로에 나타낸 것은 학생 수입니다.

8 표에서 학생 수를 모두 더하면
4+5+6+3=18(명)입니다.

9

붓꽃	×	×	×			
벚꽃	×	×	×	×	×	×
개나리꽃	×	×	×	×	×	
장미꽃	×	×	×	×		
꽃 / 학생 수(명)	1	2	3	4	5	6

좋아하는 꽃별 학생 수만큼 왼쪽에서 오른쪽으로 한 칸에 하나씩 ×를 그립니다.

10 그래프의 가로에 나타낸 것은 학생 수이고, 세로에 나타낸 것은 꽃입니다.

11 벚꽃을 가장 많은 학생이 좋아하고 그 다음으로 개나리꽃, 장미꽃, 붓꽃 순서로 좋아합니다.

12 표에서 파랑을 좋아하는 학생은 5명입니다.

13 가장 많은 학생들이 좋아하는 색깔은 빨강이고, 가장 적은 학생들이 좋아하는 색깔은 노랑입니다. 그러므로 가장 많은 학생들이 좋아하는 색깔과 가장 적은 학생들이 좋아하는 색깔의 학생 수를 더하면 8+3=11(명)입니다.

15

악기	피아노	바이올린	리코더	실로폰	합계
학생 수 (명)	3	3	4	2	12

연주하고 싶은 악기별로 겹치지 않게 표시를 하면서 세어 봅니다.

16

4			/	
3	/	/	/	
2	/	/	/	/
1	/	/	/	/
학생 수(명) / 악기	피아노	바이올린	리코더	실로폰

연주하고 싶은 악기별 학생 수만큼 아래에서 위로 한 칸에 하나씩 /를 그립니다.

17 표는 항목별 수를 알아보기 편리합니다.

18 그래프는 가장 많은 것, 가장 적은 것을 한눈에 알아보기 편리합니다.

19

눈의 차	0	1	2	3	4	5	합계
학생 수 (명)	𝍸𝍸	𝍸	𝍸	𝍸	𝍸	𝍸	
	2	1	0	1	0	1	5

주사위 2개를 동시에 5번 굴려서 나온 눈의 차의 횟수를 정리한 표입니다.

20

7	○			
6	○	○		○
5	○	○		○
4	○	○	○	○
3	○	○	○	○
2	○	○	○	○
1	○	○	○	○
공휴일 수(일) / 월	9	10	11	12

그래프의 가로에 월을 쓰고, 세로에 공휴일 수를 쓴 다음 각 달의 공휴일의 수만큼 ○ 등의 표시를 그립니다.

탐구 수학 활동

1 놀이 기구별 줄 서 있는 사람 수를 쉽게 알 수 있는 것은 표입니다.

2 사람들이 가장 적게 서 있는 놀이 기구는 회전목마이므로 세윤이는 회전목마를 타는 것이 가장 좋습니다.

1 풀이 참조　2 │　3 풀이 참조　4 풀이 참조　5 풀이 참조　6 ①　7 풀이 참조　8 풀이 참조　9 풀이 참조　10 ㉠ 2　㉡ │　㉢ 3　11 예 A, B, C가 반복되고 빨간색과 파란색이 반복되는 규칙이 있습니다.　12 풀이 참조　13 ⑤　14 16　15 16　16 (1) 예 사각형 안의 •이 시계 반대 방향으로 돌면서 한 꼭짓점씩 옮겨지는 규칙입니다.　(2) 풀이 참조　17 4, 15　18 5, 42　19 3, 다섯　20 예 7씩 커지는 규칙이 있습니다.

■ 탐구 수학 활동 ■

1 예 흰색 꽃과 빨간색 꽃이 반복되는 규칙입니다.

2 예 풀이 참조 ; 빨간색, 노란색, 노란색, 보라색, 보라색이 반복되는 규칙입니다.

■ 풀이 ■

1
+	2	3	4	5	6
2	4	5	6	7	8
3	5	6	7	8	9
4	6	7	8	9	10
5	7	8	9	10	11
6	8	9	10	11	12

3
11	12	13	
12	13		
		15	16

4
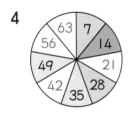

5
×	5	6	7	8	9
5	25	30	35	40	45
6	30	36	42	48	54
7	35	42	49	56	63
8	40	48	56	64	72
9	45	54	63	72	81

7
20	24	28	
		35	40
30	36		
	35	42	49

8

노란색, 빨간색, 초록색이 반복되는 규칙입니다.

9 ⊕, ⊕, ⊕, ⊕가 반복되는 규칙입니다.

10 │, 2, 3이 반복되는 규칙이 있습니다.

12 ⊠ ⊠

시계 방향으로 첫 번째 칸을 건너뛰어 두 번째 칸에 색칠합니다.

13 ① 7 ↔ 8 ↔ 9 등　② 3 ↔ 5 ↔ 7 등
③ │ ↔ 4 ↔ 7 등　④ │ ↔ 5 ↔ 9 등

■ 다시 한 번 확인해요! ■

컴퓨터 자판에서 찾을 수 있는 수 배열 규칙

• 오른쪽으로 갈수록 │씩 커지는 규칙이 있습니다.
• ＼ 방향으로 2씩 작아지는 규칙이 있습니다.
• 아래로 갈수록 3씩 작아지는 규칙이 있습니다.
• ／ 방향으로 4씩 작아지는 규칙이 있습니다.

14 한 층씩 아래로 가면서 쌓기나무가 │개, 3개, 5개, 7개로 2개씩 더 많아지는 규칙입니다.
그러므로 │+3+5+7=16(개)입니다.

15 네 번째 모양을 만들기 위해서는 가로로 4개, 세로로 4개가 필요합니다. 4×4=16(개)입니다.

16 (2) ㉠에 알맞은 모양: ▢

17 3시부터 15분씩 움직이므로 3시 → 3시 15분 → 3시 30분 → 3시 45분 → 4시 → 4시 15분이 됩니다.

18 열차는 10분마다 출발합니다. 그러므로 5시 32분에 10분을 더하면 5시 42분이 됩니다.

19 같은 줄에서 오른쪽으로 갈수록 │씩 커지는 규칙입니다. 3열은 13, 14, 15, 16, 17, 18번이 앉게 됩니다.

■ 탐구 수학 활동 ■

2

[가을, 겨울]

 **겨울 1 회** 88~91쪽

1 ① **2** ③ **3** 미용실 **4** 주완 **5** 동네 돌기 놀이 **6** ⑤ **7** ③ **8** ③ **9** (1) ○ **10** ② → ⓒ → ⓛ → ⓜ → ⓙ **11** 예 교통정리를 해 주셔서 안전하게 다닐 수 있다. **12** ①, ③ **13** ④ **14** ④ **15** ③ **16** 예 동네에 버려진 쓰레기를 줍는다. **17** ⓛ **18** (1) ⓛ (2) ⓙ **19** ③ **20** ③

수행 평가

1 예 이 직업을 갖게 된 이유는 무엇인가요? 가을에는 어떤 꽃이 많이 팔리나요? 이 직업의 좋은 점은 무엇인가요?

2	
튼튼 치과	예 치과 간판, 치아 관찰용 막대, 흰 가운, 접수 종이
맛나 분식	예 분식점 간판, 메뉴판, 음식 재료용 찰흙, 접시, 플라스틱 칼, 젓가락

풀이

2 동네 모습을 그림으로 표현할 때 지구본은 필요하지 않습니다.

3 동네에서 뽀글뽀글 머리 하는 곳은 미용실입니다.

4 '우리 동네 한 바퀴' 노래에는 미용실, 슈퍼, 빵집 등 동네 모습이 그려져 있습니다.

5 운동장에 큰길을 먼저 그리고, 길을 따라 장소 깃발과 붙임딱지를 놓아 동네 돌기 놀이를 합니다.

7 인터뷰 내용을 녹음하거나 사진 촬영을 할 경우에는 먼저 허락을 받습니다.

다시 한 번 확인해요!

인터뷰 질문 예시 ➡ 86쪽

• 가장 많이 팔리는 것은 무엇인가요?
• 물건은 어디에서 구해서 가져오나요?
• 하루 중 제일 바쁠 때는 언제인가요?

8 동네에는 의사, 간호사, 경찰관, 안경사, 요리사, 은행원, 환경미화원, 미용사, 교사 등의 직업이 있습니다.

9 (2)는 맛있는 음식을 만드는 요리사입니다.

11 경찰관 아저씨 덕분에 우리가 안전하게 다닐 수 있습니다.

12 미용사로 직업 놀이를 할 때 필요한 도구에는 미용실 간판, 가위, 빗, 헤어 드라이어, 손님용 가운 등이 있습니다.

다시 한 번 확인해요!

동네 사람들이 하는 일의 성격에 따라 무리 짓기
➡ 86쪽

• 깨끗한 동네: 환경미화원, 세탁소 주인 등
• 건강한 동네: 의사, 약사, 농부, 간호사 등
• 편리한 동네: 우편집배원, 버스 운전기사 등

14 '목도소리'는 무거운 짐을 나를 때 발을 맞추면서 부르는 노래입니다.

15 주차 단속은 초등학생인 우리가 동네를 위해 할 수 있는 일이 아닙니다.

16 길거리에 버려진 쓰레기를 줍는 모습입니다.

18 배달 놀이는 빈 우유갑에 배달 장소에 필요한 물건의 이름을 써서 붙인 후 알맞은 장소에 물건을 놓고 돌아옵니다.

19 내용과 제목의 위치를 정하고 그림, 사진, 글 등으로 표현하여 우리 동네 소식지를 만듭니다.

20 앞으로 우리 동네가 더 살기 좋은 동네가 되기 위해서 더 필요한 것이 있는지 생각해 봅니다.

수행 평가

1 동네 사람들이 하는 일이나 직업에 관해 궁금한 점이 무엇인지 생각해 보고 동네 사람들이 하는 일과 직업을 조사할 계획을 세워 인터뷰를 진행합니다.

2 〈튼튼 치과〉에서는 의사, 〈맛나 분식〉에서는 요리사를 체험할 수 있습니다.

가을 2회 94~97쪽

1 ㉠, ㉢ 2 ⑩ 아침저녁에는 춥고 낮에는 따뜻하다. 3 ㉢ → ㉣ → ㉠ 4 ③ 5 ③ 6 곡식 7 ④ 8 ④ 9 도토리 10 ⑩ 함께 다람쥐가 되어 다른 도토리를 모으러 간다. 11 ① 12 ①, ⑤ 13 ② 14 (1) ○ 15 ④ 16 ⑤ 17 성욱 18 ㉢, ㉣ 19 ② 20 ⑩ 질서란 도서관에서 조용히 앉아서 책을 읽는 것이다.

<수행 평가>

1 사과	⑩ 속이 하얗고 작은 씨앗이 여러 개 있다.
배	⑩ 속이 하얗고 작고 검은 씨앗이 있다.
감	⑩ 씨앗이 크고 색이 까맣다.

2 ⑩ 버스에 먼저 타고 싶어도 내가 뒤에 서있으면 내 차례를 기다려 탄다. 전시회장에서 친구가 놀리고 도망가도 싸우거나 뛰어가서 소리치지 않는다. 체험 학습을 마치고 돌아올 때 귀찮더라고 쓰레기를 쓰레기통에 버리거나 다시 가져온다.

<풀이>

1 ㉢은 겨울에 들을 수 있는 소리입니다.
2 가을은 아침에는 춥고 낮에는 따뜻합니다.

<다시 한 번 확인해요!>

가을 날씨의 특징 ➡ 92쪽
• 낮에 길이가 짧아지면서 기온이 내려갑니다.
• 아침과 낮의 온도차가 커지면서 아침에 땅이나 나뭇잎 위에 하얀 눈(서리)이 생깁니다.
• 맑은 날이 많고 여름보다 비가 적게 옵니다.

3 카드에 나타난 가을 날씨의 특징과 사람들의 생활 모습을 관련지어 이야기합니다.
4 도서관에서는 큰 소리로 말하지 않고, 읽은 책은 책 수레나 제자리에 정리합니다.
5 책갈피는 읽던 곳이나 필요한 곳을 찾기 쉽도록 책의 낱장 사이에 끼워 두는 물건입니다.
6 다양한 가을 곡식을 통 안에 넣어 악기를 만듭니다.
7 ④는 여름에 볼 수 있는 모습입니다.
8 수박은 여름철에 수확하는 열매입니다.
9 보기의 '나'는 도토리입니다.
10 다람쥐의 손에 닿거나 잡힌 도토리는 다람쥐가 되어 다른 도토리를 모으러 가고, 모든 도토리를 모으면 놀이가 끝납니다.
11 감은 주황색이고 달콤한 향이 납니다.

<다시 한 번 확인해요!>

오감을 활용한 관찰하기 ➡ 93쪽
• 눈(시각): 열매의 색깔, 크기, 모양, 길이
• 코(후각): 열매의 냄새
• 입(미각): 열매의 맛
• 손(촉각): 열매나 씨앗의 겉의 느낌, 단단한 정도

12 배는 표면이 까칠까칠하고 두껍습니다.
13 가을 열매를 담을 바구니를 만들 때 가장 마지막으로 손잡이를 붙여 완성합니다.
14 가을철 나들이에서 황금색 들판, 울긋불긋 단풍이 든 나무, 알록달록 예쁜 꽃들을 볼 수 있습니다.
15 사람이 많이 모이는 곳에서는 쓰레기를 함부로 버리지 않고, 떠들거나 뛰어다니지 않습니다.
17 헨리 힐러 파커의 '추수'는 가을 들판의 모습을 볼 수 있습니다.
18 색깔, 모양, 크기에 따라 낙엽을 나눌 수 있습니다.
19 낙엽에 구멍을 뚫어 가면을 만들 수 있습니다.
20 사람들이 많이 모이는 곳에서 지켜야 할 질서를 모아 우리만의 질서 사전을 만들어 봅니다.

<수행 평가>

1 가을 열매의 씨앗을 자세히 관찰하여 각 열매의 특징을 알 수 있습니다.
2 사람들이 많이 모인 곳에서는 질서와 규칙을 잘 지켜야 합니다.

1 ①   2 ③   3 ④   4 ⑤   5 ㉠   6 ③   7 ②
8 (1) ㉠ (2) ㉡   9 ③   10 ②   11 (2) ○   12
①   13 소시지   14 ②   15 ⑤   16 프랑스
17 ③   18 ③   19 플립 플롭 믹서   20 ⑩ 옆
사람과 소곤거리거나 서서 돌아다니지 않는다.

수행 평가

1	나라 이름	⑩ 중국
	가고 싶은 이유	⑩ 만리장성이 얼마나 긴지 확인해보고 싶어서
	하고 싶은 것	⑩ 만리장성 가보기, 중국음식 먹어보기, 전통 문화 체험하기
2		⑩ 친절하게 도와준다. 미소 짓는 얼굴로 이야기한다. 도움 받을 수 있는 곳을 알려준다.

풀이

1 미국 국기는 왼쪽 위에 미국의 주를 나타내는 별이 그려져 있고, 빨간색과 하얀색의 줄이 있습니다.

2 내가 가고 싶은 나라를 알아보기 위해서는 도서관에 가서 다른 나라에 대한 책을 찾아보거나 백과사전, 인터넷을 통해 조사합니다.

3 이집트의 피라미드는 옛날 왕들의 무덤입니다.

5 서로 이해하고 존중하며, 다른 나라의 문화를 무조건 따르거나 자기 나라의 문화만 고집하지 않습니다.

6 추운 지역에 사는 사람들은 털로 된 옷을 입습니다.

다시 한 번 확인해요!

세계의 전통 의상 ➡ 98쪽

| 러시아 | 독일 | 멕시코 |

7 다른 나라의 전통 의상을 다양한 방법으로 표현한 작품입니다.

8 다른 나라의 인사를 알아두면 다른 나라 친구와 쉽게 친해질 수 있습니다.

10 북극 가까이에 사는 사람들은 겨울에 단단한 눈을 큰 벽돌 모양으로 잘라 쌓아서 둥근 모양의 이글루라는 얼음집을 만들었습니다.

11 (1)은 우유갑을 이용해 아파트를 만든 것입니다.

12 ②, ③은 일본, ④는 러시아, ⑤는 중국의 대표 음식입니다.

13 색점토로 소시지를 표현하였습니다.

14 장난감의 이름은 무엇인지, 그 나라가 위치하고 있는 곳은 어디인지, 가지고 노는 방법은 무엇인지 등을 조사합니다.

15 마트료시카는 큰 인형 안에 작은 인형이 숨어 있는 러시아의 장난감입니다.

16 프랑스 민요인 '아비뇽 다리 위에서' 입니다.

17 우리나라에 온 외국인 친구에게는 따뜻하게 대합니다.

다시 한 번 확인해요!

외국인을 대하는 바른 태도 ➡ 99쪽

• 우리나라에 온 외국인에게 따뜻하게 대합니다.
• 다른 나라의 친구를 만나면 밝은 표정으로 대하고 질서와 예절을 지킵니다.

18 하카 춤은 뉴질랜드 마오리족의 민속춤입니다.

19 신사 숙녀의 단정한 옷차림이 어울리는 전통춤은 플립 플롭 믹서입니다.

20 정해진 자리에 앉아서 공연에 집중하고 서서 돌아다니지 않습니다.

수행 평가

1 도서관에서 책이나 백과 사전을 찾아보거나 인터넷을 통해서 알고 싶은 나라를 조사할 수 있습니다.

2 다른 나라 친구를 대할 때에는 나부터 마음을 활짝 열고 서로서로 인사도 잘하고 사이좋게 지냅니다.

 겨울 **4** 회　　106~109쪽

1 ① 2 민정 3 ⑤ 4 ① 5 ③ 6 예 먹이가 부족한 동물에게 먹이를 준다. 7 ㉡ → ㉠ → ㉣ → ㉢ 8 동물 가면 9 ⑤ 10 ① 11 원용 12 ㉢, ㉣, ㉤ 13 예 여름과 겨울에 모두 볼 수 있는 새다. 14 (2) ○ 15 종이 새 16 ⑤ 17 ③ 18 ③ 19 ①, ⑤ 20 ④

수행 평가

1

청설모	예 먹이를 모아 놓고, 저장한 먹이를 먹으며 지낸다.
호랑나비	예 겨울 동안 번데기 안에서 나비가 될 준비를 한다.
쏘가리	예 깊은 물속에서 거의 움직이지 않으며 지낸다.

2 예 실천 가능한 계획인지를 먼저 생각한다. 하고 싶은 일이나 해야 할 일 중 몇 가지를 선택한다. 하고 싶은 일이나 해야 할 일 중 몇 가지를 선택하여 세운다.

풀이

1 겨울잠을 자는 동물들에는 곰, 다람쥐, 뱀, 고슴도치, 개구리, 너구리, 남생이 등이 있습니다.

다시 한 번 확인해요!

겨울잠 ➡ 104쪽
• 동물이 겨울을 나기 위해 활동을 멈추고 숨만 쉬는 상태로 내는 것을 말합니다.
• 추위와 먹이가 부족한 환경에 적응한 것으로 개구리, 뱀, 박쥐, 다람쥐 등에서 볼 수 있습니다.

2 뱀은 날씨가 추워졌을 때 얼어 죽지 않기 위해 바깥보다 춥지 않은 바위 밑이나 얕은 땅속에서 잠을 잡니다.

3 물고기는 겨울이 되면 얼지 않는 물 밑으로 이동합니다.

4 호랑이, 여우, 고라니, 토끼는 겨울에 털이 더 많아져서 추위를 잘 견딜 수 있기 때문에 겨울잠을 자지 않습니다.

6 동물의 겨울나기를 도울 수 있는 방법은 집 만들어 주기, 먹이 주기, 먹이 남겨 두기 등이 있습니다.

다시 한 번 확인해요!

까치밥 ➡ 104쪽
• 까치 등의 날짐승을 위해 따지 않고 몇 개 남겨 두는 감을 까치밥이라고 합니다.

8 동물 가면을 쓰고, 친구들과 협동하여 홍보 활동을 해 봅니다.

9 겨울눈은 봄에 피어날 잎이나 꽃을 보호하는 역할을 합니다.

10 돋보기로 나무들의 겨울눈을 관찰합 니다.

11 은행나무를 포함한 대부분의 나무는 겨울눈으로 겨울을 보냅니다.

12 식물의 겨울나기를 돕기 위해 추운 날씨에 얼지 않도록 돌보아 줍니다.

13 참새, 까치, 원앙, 꿩, 딱새 흰뺨검둥오리는 여름과 겨울에 모두 볼 수 있는 새입니다.

14 왜가리는 여름에 볼 수 있는 새입니다.

15 새 날개의 주름을 만드는 과정과 종이 새 앞부분에 테이프를 붙여 무게 중심을 잡습니다.

16 줄넘기에 대한 설명입니다.

18 하기 싫어도 필요하고 해야 할 일은 생활 계획표에 넣도록 합니다.

19 3학년이 되면 과목 수와 수업 시간이 늘어납니다.

20 컴퓨터 게임은 시간을 정해서 하고 늦은 시간까지 하지 않습니다.

수행 평가

1 청설모는 겨울에 먹을 도토리를 모아 두고, 호랑나비는 번데기로 지내며, 겨울철 물고기는 물속 깊은 곳으로 가서 움직이지 않습니다.

2 방학 생활 계획표는 여러 가지 모양으로 만들 수 있으며, 실천할 내용을 시간에 맞춰 적어 놓습니다.

🐝 **국어 ①** 회   112~115쪽

1 ②   2 미소   3 ⑤   4 ?, .   5 ②   6 강아지(멍멍이)를 잃어버려서   7 (1) ○   8 ⑤   9 요리하는 것   10 ⑤   11 ③   12 ②, ③   13 ①   14 (1) 다르다 (2) 틀린   15 (1) 줄임 말을 함부로 쓰지 말자. (2) 바른 말을 쓰자.   16 (1) 글 **가** (2) 예 이해하기 쉽게 문장을 간결하게 썼다.   17 ⑤   18 ④   19 ⑤   20 ④

풀이

1 엄마에게 꼬옥 붙어 안 떨어진다고 예쁜 도깨비바늘이라고 하셨습니다.

2 이 시는 엄마에게 꼭 붙어 안 떨어지는 아이의 모습이 떠오르므로 이와 비슷한 경험을 말한 미소가 알맞습니다.

다시 한 번 확인해요!

시나 이야기의 장면을 떠올리는 방법 ➡ 8쪽
• 내용을 생각하며 장면을 떠올립니다.
• 인물의 마음을 생각하며 장면을 떠올립니다.
• 비슷한 경험을 생각하며 장면을 떠올립니다.

3 동그라미가 표시된 달력을 보고, 어머니 생신을 모르고 지나갈 뻔해서 깜짝 놀랐습니다.

4 ㉠은 누구 생일인지 궁금해하고 있으므로 '?'가 알맞고, ㉡은 글을 끝맺고 있으므로 '.'가 알맞습니다.

5 수수께끼 문제에 어울리는 물건을 잘 떠올려 봅니다.

6 공원 안도 찾아보고 공원 밖도 찾아보면서 잃어버린 강아지를 그리워하고 있습니다.

7 미니는 잃어버린 강아지 생각에 눈물이 났습니다.

8 '밟으니'라고 써야 알맞습니다.

9 수빈이는 요리하는 것을 좋아해 엄마께서 요리하실 때 옆에서 많이 도와드린다고 했습니다.

다시 한 번 확인해요!

사람을 소개할 때 들어갈 내용 알기 ➡ 21쪽
• 이름과 성별을 소개합니다.
• 좋아하거나 잘하는 것을 소개합니다.
• 성격과 장래희망을 소개합니다.

10 ㉠은 소개하는 사람과 성별, ㉡은 나이, ㉢은 생김새, ㉣은 잘하는 것, ㉤은 장래 희망에 대해 썼습니다.

11 '깨끗이'는 '깨끄시'로 소리 납니다.

12 아이의 키가 거인보다 더 커졌다는 내용과 아이가 거인의 뺨에 입을 맞추었다는 내용은 나와 있지 않습니다.

13 거인은 환하게 웃으며 아이들에게 정원은 이제부터 아이들 것이라고 했습니다.

14 '다르다'는 어떤 점이 서로 같지 않다는 말이고, '틀리다'는 문제에 맞는 답이 옳지 않다는 말입니다.

다시 한 번 확인해요!

바른 말 알기 ➡ 32쪽
• 헷갈리기 쉬운 말의 뜻을 정확히 알아봅니다.
• 바른 말 사전이나 카드를 만들어 뜻이 혼동되는 낱말을 쓰고 그림과 함께 정확한 뜻을 써 봅니다.

15 글쓴이의 생각이 글의 맨 마지막에 나와 있습니다.

16 글을 쓸 때에는 문장을 간결하게 써야 읽을 사람이 문장의 뜻을 빠르게 파악할 수 있습니다.

17 ⑤의 내용은 나와 있지 않습니다.

18 글쓴이는 숲이 우리에게 주는 도움을 까닭으로 들어 숲을 아끼고 잘 가꾸자고 했습니다.

19 칭찬하는 말을 할 때에는 칭찬하는 까닭과 내용이 잘 나타나게 칭찬해야 합니다.

20 여우의 유혹을 이기지 못하고 공연을 보러 가면서 하는 말이므로, 혼잣말하듯이 작은 목소리로 말하는 것이 어울립니다.

🐝 수학 ❶ 회　116~118쪽

1 ⑤　2 5772　3 9462　4 7, 8, 9
5 63, 35, 56, 42에 색칠합니다. ; 4
6 8　7 ⑩ 개미의 다리는 6개이므로 6×3=
18(개)이고, 거미의 다리는 8개이므로 8×4=
32(개)입니다. 그러므로 18+32=50(개)입니다. ; 50　8 ④　9 2 m 17 cm　10 4, 68,
7, 94　11 1 m 40 cm　12 40　13 15
14 ⑩ 10월 23일 $\xrightarrow{9일}$ 10월 31일 $\xrightarrow{17일}$
11월 17일입니다. 따라서 공연을 하는 기간은
26일입니다. ; 26　15 풀이 참조　16 풀이 참조　17 은경　18 ㉠　19 풀이 참조　20 5

풀이

1 숫자 3이 나타내는 수는 다음과 같습니다.
　① 3000　② 300　③ 300　④ 30　⑤ 3

2 백의 자리 숫자가 각각 1씩 커지므로 100씩 뛰
　어서 센 것입니다.

3 백의 자리 숫자가 4이므로 나머지 숫자 2, 6, 9
　를 큰 것부터 순서대로 천의 자리, 십의 자리, 일
　의 자리에 넣으면 가장 큰 네 자리 수가 됩니다.

4 천의 자리 수가 같으므로 679<□74이면 됩니
　다. 그러므로 □ 안에 들어갈 수 있는 수는 7, 8,
　9입니다.

5 7×5=35, 7×6=42, 7×8=56, 7×9=63이
　므로 7의 단 곱셈구구의 값은 모두 4개입니다.

6 0×1=0, 2×1=2, 4×0=0, 6×1=6이므로
　0+2+0+6=8(점)이 됩니다.

8 ④ 4 m 28 cm+8 m 45 cm
　　=(4 m+8 m)+(28 cm+45 cm)
　　=12 m 73 cm

9 3 m 42 cm-1 m 25 cm
　=(3 m-1 m)+(42 cm-25 cm)
　=2 m 17 cm

10 수 카드로 만들 수 있는 가장 짧은 길이는 가장
　작은 수부터 사용한 4 m 68 cm입니다.

　4 m 68 cm+3 m 26 cm
　=(4 m+3 m)+(68 cm+26 cm)=7 m 94 cm

11 혜원이의 키는 서랍장 네 칸의 높이와 비슷하므
　로 서랍장 네 칸의 높이는 35+35+35+35=
　140(cm)이므로 약 1 m 40 cm입니다.

12 1시 35분 $\xrightarrow{40분 후}$ 2시 15분

13 오전 7시에서 오후 10시까지는 (오전 7시에서
　오후 7시까지의 시간)+(오후 7시에서 오후 10
　시까지의 시간)=12+3=15(시간)입니다.

14 10월은 31일까지 있으므로 10월 23일부터 31
　일까지 9일 동안 공연을 하고, 11월은 1일부터
　17일까지 17일 동안 공연을 하므로
　9+17=26(일)이 됩니다.

15 〈승아네 반 학생들이 좋아하는 채소별 학생 수〉

채소	양파	당근	감자	브로콜리	
학생 수 (명)	正正	正正	正正	正正	합계
	5	2	3	2	12

16 〈승아네 반 학생들이 좋아하는 채소별 학생 수〉

5	○			
4	○			
3	○		○	
2	○	○	○	○
1	○	○	○	○
학생 수(명) 　　채소	양파	당근	감자	브로콜리

17 로이가 어떤 채소를 좋아하는지 알려면 표를 보
　아야 합니다.

18 ★에 들어갈 수는 3×8=24입니다.
　㉠ 4×6=24, ㉡ 5×6=30, ㉢ 6×5=30,
　㉣ 6×8=48입니다.

19 ⬡

　▽와 ⬡가 반복되고, ⬡의 수가 하나씩 커지
　는 규칙입니다.

20 모든 요일은 7일마다 반복되고, 8월은 31일까지 있습니다. 그러므로 토요일은 3일, 10일, 17일, 24일, 31일이므로 모두 5번입니다.

1 ③   2 ④   3 직업 카드   4 ①   5 ⓒ   6 가을   7 ⑩ 여름에는 반팔을 입었지만 가을이 되어 긴팔을 입는다.   8 ①   9 ④   10 ④   11 ①   12 중국   13 ①   14 ⑤   15 피자   16 ②   17 ⑩ 동물이 모아 놓은 도토리를 가져가지 않는다.   18 겨울눈   19 ②   20 ①

풀이

1 살펴본 내용을 기록하기 위해서는 수첩, 연필, 지우개, 휴대 전화 등이 필요합니다.

다시 한 번 확인해요!

동네를 탐험하면서 볼 수 있는 모습 ➡ 86쪽

우체국   소방서   보건소

도서관   경찰서   주민 센터

2 소방관은 우리의 생명과 재산을 지켜주시는 분입니다.

3 직업 카드 모으기 놀이를 하고 있는 모습을 나타낸 그림입니다.

4 의사 직업 놀이에 필요한 준비물입니다.

다시 한 번 확인해요!

여러 가지 직업을 체험해 보기 ➡ 87쪽

〈튼튼 치과〉

접수하기 → 진료실 안내하기 → 치아 보고 치료하기 → 약 처방하기 → 처방전 주면서 진료비 받기

5 '목도소리'는 여러 사람들이 함께 일하면서 부르는 노래입니다.

6 낙엽 밟는 소리와 귀뚜라미 소리가 들리는 계절은 가을입니다.

7 가을이 되면 시원한 바람이 불고 나뭇잎에 단풍이 듭니다.

8 ①은 겨울에 얼음낚시를 하고 있는 모습입니다.

9 수수께끼에서 말하는 열매는 사과입니다.

10 민지가 생각하는 질서입니다.

11 ②는 미국, ③은 영국, ④는 중국의 국기입니다.

12 톈안먼 광장은 중국의 수도 베이징에 있습니다.

13 다른 나라의 아침 인사말입니다.

14 물 위 집(수상가옥)은 물가에 나무로 기둥을 만들어 그 위에 지은 집입니다.

15 피자는 이탈리아의 음식입니다.

다시 한 번 확인해요!

이탈리아의 음식 ➡ 99쪽

스파게티   리조또

16 동물이 겨울을 나기 위해 활동을 멈추고 숨만 쉬는 것을 겨울잠이라고 합니다.

17 동물이 추운 겨울을 잘 보낼 수 있도록 관심을 가지고 도와줍니다.

18 겨울눈은 나무가 추위를 견디기 위해 만든 것입니다.

19 추운 겨울에 식물을 보호하기 위해서는 화단에 방풍막을 칩니다.

20 물총새는 여름에 볼 수 있는 새입니다.

다시 한 번 확인해요!

여름에 볼 수 있는 새 ➡ 105쪽

왜가리   백로

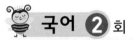 국어 **2**회   122~125쪽

1 성큼성큼 **2** ③ **3** ④ **4** ③ **5** ② **6** ④ **7** ①, ④ **8** ①, ③, ⑤ **9** ④ **10** ① **11** ⑤ **12** (1) ○ **13** 잊어버린, 잃어버린 **14** ② **15** ④ **16** ①, ④ **17** ⑤ **18** 예 기분이 좋아질 것이다. / 더 잘하고 싶은 생각이 들 것이다. / 더 열심히 해야겠다는 생각이 들 것이다. **19** ④ **20** ①

풀이

1 황새가 걷는 모습을 흉내 내는 말은 '성큼성큼' 입니다.

2 황새가 논바닥의 우렁이를 콕 집어 먹는 장면을 생각해 봅니다.

3 일이 일어난 차례대로 써야 합니다.

4 다섯 번의 질문과 대답을 하며 답을 알아맞히는 다섯 고개 놀이입니다.

> **다시 한 번 확인해요!**
>
> 말의 재미를 느끼는 여러 가지 말놀이 ➡ 14쪽
> • 수수께끼 놀이
> • 다섯 고개 놀이
> • 끝말잇기 놀이
> • 말 덧붙이기 놀이
> • 꽁지 따기 놀이

5 문제와 답을 보면 정답이 '장미' 라는 것을 알 수 있습니다.

6 텔레비전에게 열흘 동안 휴가를 주자고 했습니다.

7 크록텔레 가족은 멈추어버린 텔레비전에게 진작 쉬게 해 줄 걸 그랬다며 후회했고, 불쌍하다고 했습니다.

8 겪은 일에 대한 생각이나 느낌이 잘 드러나도록 쓰고, 겪은 일 가운데에서 가장 기억에 남는 일을 씁니다.

9 못하는 것을 소개할 필요는 없습니다.

10 소개하는 글을 쓸 때에는 중요한 내용을 골라 소개할 사람의 특징이 잘 드러나게 씁니다. 또, 읽을 사람이 궁금해할 내용을 씁니다.

11 친구에게 재미있는 이야기를 들려줄 때 이야기의 순서에 따라 말해야 합니다.

12 기가 작다고 해야 바른 표현입니다. '작다' 는 '크기가 크지 않다' 의 뜻이고, '적다' 는 '많지 않다' 의 뜻입니다.

13 '잊어버리다' 는 '기억한 것이 머릿속에서 지워지다' 의 뜻이고, '잃어버리다' 는 '물건을 어디에 흘리다' 의 뜻입니다.

14 광고는 글과 그림이나 사진을 통해 알리고 싶은 내용을 전달하는 것을 말합니다.

15 이 광고는 우리가 나라가 다르고 얼굴이 다르더라도 서로 존중하며 친구로 지내기를 바라고 있습니다.

16 막내는 가족의 칭찬에 가족 덕분이라며 겸손한 태도로 고마워하고 있습니다.

17 열심히 노력한 점에 대해 칭찬하는 말입니다.

18 칭찬하는 말을 들으면 기분이 좋아지고 더 잘하고 싶은 생각이 듭니다. 또, 더 열심히 해야겠다는 생각이 듭니다.

> **다시 한 번 확인해요!**
>
> 칭찬하는 말을 주고받으면 좋은 점 ➡ 38쪽
> • 칭찬하는 말을 들으면 기분이 좋아지며, 더 잘하고 싶은 생각이 듭니다.
> • 친구를 칭찬하는 말을 하면 친구가 좋아하는 모습을 보고 내 기분도 좋아집니다. 또, 친구와 더 친해진 기분이 듭니다.

19 사람이 없는데 사람 목소리가 들렸기 때문에 주위를 두리번거리며 깜짝 놀란 목소리로 말하는 것이 어울립니다.

20 말을 하고 움직이게 된 것이 신기하므로 신나는 목소리로 말하는 것이 어울립니다.

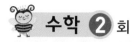

1 (1) 100 (2) 1 (3) 10 **2** 9650 **3** 별이
4 6, 7, 8, 9 **5** 예 4×6을 이용하여 구합니다. ; 24 **6** (1) 1, 4, 32 (2) 4, 3, 32 (3) 5, 1, 32 **7** 풀이 참조 **8** 9, 76 **9** 7 m 71 cm **10** 68 m 29 cm **11** 9 m **12** (1) 5, 6 (2) 11 (3) 5, 55 **13** 85 **14** 예 (희영이가 깨어 있는 시간)=(오전에 깨어 있는 시간)+(오후에 깨어 있는 시간)=4시간 30분+9시간 30분=14시간입니다. ; 14 **15** 7, 4, 6, 22 ; 풀이 참조 **16** 딸기 **17** ㉠, ㉡ **18** 풀이 참조 **19** 풀이 참조 **20** 34

풀이

1 1000은 900보다 100만큼 더 큰 수, 999보다 1만큼 더 큰 수, 990보다 10만큼 더 큰 수입니다.

2 1000원짜리 지폐 9장은 9000원, 100원짜리 동전 6개는 600원, 10원짜리 동전 5개는 50원이므로 룩희가 모은 돈은 모두 9650원입니다.

3 보영이는 4592를, 별이는 4692를 말하였으므로 별이가 더 큰 수를 말하였습니다.

4 천의 자리 수와 백의 자리 수가 같으므로 62<□4가 될 수 있는 수는 6, 7, 8, 9입니다.

5 6×4를 이용할 수도 있습니다.

6 (1) 가로로 4개씩 1줄에 7개씩 4줄을 더합니다.
(2) 세로로 5개씩 4줄에 4개씩 3줄을 더합니다.
(3) 가로로 7개씩 5줄에서 3개씩 1줄을 뺍니다.

7
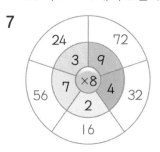

10 76 m 92 cm−8 m 63 cm
　=(76 m−8 m)+(92 cm−63 cm)
　=68 m 29 cm

11 레아의 두 걸음이 90 cm이고 편의점까지의 거리는 레아의 두 걸음의 길이의 약 10배이므로, 약 9 m입니다.

12 시계의 짧은바늘은 5와 6 사이에 있고, 긴바늘은 11을 가리키고 있으므로 5시 55분입니다.

13 2시 45분 ─15분 후→ 3시 ─60분 후→ 4시 ─10분 후→ 4시 10분

15
〈좋아하는 아이스크림 종류별 학생 수〉

7	○			
6	○			○
5	○		○	○
4	○	○	○	○
3	○	○	○	○
2	○	○	○	○
1	○	○	○	○
학생 수(명) / 아이스크림	바닐라	딸기	초콜릿	멜론

16 그래프를 보면 가장 적은 학생들이 좋아하는 아이스크림을 한눈에 알아볼 수 있습니다.

17 그래프를 통해 학생들이 좋아하는 아이스크림의 종류는 바닐라, 딸기, 초콜릿, 멜론이라는 것을 알 수 있고, 가장 많은 어린이가 좋아하는 아이스크림은 바닐라라는 것을 알 수 있습니다.

18
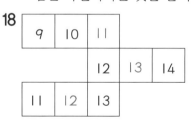

덧셈표는 가로로 1씩 커지고, 세로로 1씩 커집니다. 규칙에 따라 표를 완성합니다.

19

20 오른쪽으로 한 자리씩 갈 때 1씩 커지고, 한 열씩 뒤로 갈 때 7씩 커집니다.
(마열 여섯째 좌석 번호)
=7+7+7+7+6=34(번)입니다.

🐝 가을, 겨울 ❷ 회 129~131쪽

1 ④ 2 (1) 요리사 (2) 농부 3 ① 4 예 쓰레기 줍기, 꽃 가꾸기, 일손 돕기, 캠페인 활동 참여하기 5 ③ 6 ② 7 도서관 8 ④ 9 ① 10 가을 11 ③ 12 (1) 추운 지역 (2) 더운 지역 13 ⑤ 14 ④ 15 예 미소 짓는 얼굴로 이야기한다. 힐끗힐끗 쳐다보지 않는다. 16 ① 17 (1) ㉠ (2) ㉡ 18 ① 19 ③ 20 방학 생활 계획표

풀이

1 축구공은 동네를 살펴본 내용을 기록할 때 필요한 준비물이 아닙니다.

2 (1)은 요리사, (2)는 농부입니다.

3 소방관과 경찰관은 안전한 동네를 위해 일하시는 분들입니다.

4 동네를 위해서 내가 할 수 있는 일을 생각해 봅니다.

5 나에게 이득이 되는 일만 하는 것은 바른 태도가 아닙니다.

6 ①은 봄, ③은 여름, ④는 겨울의 모습입니다.

7 도서관에서 지켜야할 규칙입니다.

8 〈보기〉는 가을 열매를 눈(시각)으로 관찰한 내용입니다.

9 전시회장에서는 큰 소리로 떠들거나 뛰어다니면 안됩니다.

10 추수하는 모습을 표현한 헨리 힐러 파커의 '추수' 입니다.

다시 한 번 확인해요!

그림 속의 가을 색 ➡ 93쪽

가을 숲

캐츠킬 언덕의 아침

---

11 가고 싶은 나라에 대해 조사할 때는 잘 알고 계시는 어른께 여쭤봅니다.

12 (1)은 추운 지역에서 볼 수 있는 옷이고, (2)는 더운 지역에서 볼 수 있는 옷입니다.

13 다른 나라의 다양한 인사 모습입니다.

다시 한 번 확인해요!

다른 나라의 인사말 ➡ 98쪽

• 중국: 니하오
• 일본: 오하요
• 인도: 나마스테
• 독일: 구텐 모르겐

14 태국(타이)의 전통 음식에 대한 설명입니다.

15 다른 나라 친구를 만나면 친절하게 다가가고, 힐끗힐끗 쳐다보지 않습니다.

16 호랑이는 겨울잠을 자는 동물이 아닙니다.

다시 한 번 확인해요!

겨울잠을 자지 않는 동물의 겨울나기 ➡ 104쪽

• 개미: 여름동안 열심히 모아 두어 추운 겨울을 지냅니다.
• 노루: 겨울이 되면 노루의 털은 붉은색에서 회갈색으로 바뀝니다.
• 토끼: 추위를 피하기 위해 듬성듬성 나 있던 털이 빠지고 두껍고 숱이 많은 털이 납니다.

17 사마귀는 알로, 호랑나비는 번데기로 겨울을 납니다.

18 건강하고 알찬 방학을 위해 겨울 방학 계획을 정합니다.

19 줄넘기를 하고 있는 모습입니다.

20 할 일과 계획을 적은 것을 생활 계획표라고 합니다.

다시 한 번 확인해요!

생활 계획표를 만들 때 주의 사항 ➡ 105쪽

• 실천 가능한 계획인지를 먼저 생각하고 하루의 계획과 방학동안의 계획을 세웁니다.
• 취미와 특기를 계발하고 학습 능력을 향상하게 하며 건강을 증진할 수 있는 계획을 세웁니다.

국어 3회   132~135쪽

1 (1)-ⓒ (2)-ⓒ   2 例 아이들이 모여 앉아서 커다란 수박을 먹고 있는 장면이 떠오른다. / 수박을 먹으면서 활짝 웃고 있는 아이의 모습이 떠오른다.   3 ⓒ, ⓒ   4 例 돼지 / 꽁지   5 ①   6 ⑤   7 ②, ④, ⑤   8 참 좋은 말 / 사랑해요   9 ③   10 ②, ④   11 아침, 여왕개미 방   12 (1)-ⓒ (2)-ⓒ (3)-ⓒ (4)-ⓒ   13 (1) 먹꼬 (2) 주먹빱 (3) 보름딸 (4) 마음쏙   14 ⑤   15 ③   16 ①   17 ①   18 ⑤   19 ⑤   20 ⑤

풀이

1 입 안은 빨갛게 익은 수박 속 같고, 충치는 까맣게 잘 익은 수박씨 같다고 표현했습니다.

2 시의 장면을 떠올릴 때에는 시의 내용이나 비슷한 경험을 생각합니다.

3 겪은 일을 차례에 맞게 써야 내용을 잘 정리할 수 있습니다.

> **다시 한 번 확인해요!**
>
> 생각과 느낌이 드러나게 글 쓰기 ➡ 9쪽
> • 맞춤법에 맞게 씁니다.
> • 문장부호를 알맞게 사용합니다.
> • 대화하는 글을 넣어 씁니다.
> • 일이 일어난 차례대로 씁니다.

4 '낙지', '할아버지'처럼 '지' 자로 끝나는 알맞은 말을 찾아봅니다.

5 이름을 이용해 만든 방법입니다.

6 1등을 할 수 있었지만 결승선 앞에서 넘어져서 안타까울 것입니다.

7 사랑해요 한마디를 주고받으면 온종일 신이 나고 일 맛 나며 가슴이 콩닥콩닥인다고 했습니다.

8 '참 좋은 말'이나 '사랑해요'가 반복되고 있으므로 가장 중요한 표현이라고 볼 수 있습니다.

9 키가 크고 눈썹이 진하다는 것은 생긴 모습을 소개하는 말입니다.

10 애벌레 방에는 쌀알처럼 생긴 개미알이 쌓여 있었고, 뽀얗고 포동포동한 애벌레가 기지개를 켰다고 했습니다.

11 아침에는 애벌레 방, 점심때는 여왕개미 방, 저녁때는 무지갯빛 안개가 피어나는 신기한 방을 구경했습니다.

12 '많다'와 '크다', '가르치다'와 '가리키다', '적다'와 '작다' 등 서로 혼동되기 쉬운 낱말의 뜻을 정확히 파악합니다.

13 먹고[먹꼬], 주먹밥[주먹빱], 보름달[보름딸], 마음속[마음쏙]으로 소리 납니다.

14 텔레비전에 나오는 말에는 유행어나 나쁜 표현 등이 있을 수 있으므로 무조건 따라 해서는 안 됩니다.

15 고양이 몰래 먹이를 구하러 가려고 했지만, 그때마다 고양이에게 잡혀가서 밖으로 나갈 수가 없었습니다.

16 첫째 쥐는 이웃 마을에는 고양이가 없을 거라며 이사를 가자고 제안했습니다.

17 칭찬하는 말을 들으면 기분이 좋고 자신감이 생깁니다.

18 칭찬하는 말을 들었을 때에는 겸손한 태도로 고마움을 표현하거나 상대를 같이 칭찬해 주는 것이 좋습니다.

> **다시 한 번 확인해요!**
>
> 칭찬하는 말에 대답하는 방법 ➡ 38쪽
> • 고마움을 표시하며 겸손한 태도로 대답합니다.
> • 상대의 칭찬할 점을 찾아 칭찬합니다.
> • 기쁘다고 이야기합니다.

19 극단 주인은 돈을 내지 않고 몰래 공연을 봤으니 혼이 나야 한다며 앞으로 자기가 시키는 대로 공연을 해야 한다고 했습니다.

20 극단 주인이 갑자기 자신에게 화를 내고 있으므로 당황스러우면서도 겁에 질린 듯 무서워하는 목소리가 어울립니다.

수학 ③ 회 136~138쪽

1 ② 2 5790 3 460 4 3462, 2625, 2580 5 7, 7 6 풀이 참조 ; 예 리원이가 과녁판의 점수별로 얻은 점수를 각각 구해 보면 0×4=0(점), 1×7=7(점), 2×8=16(점), 3×0=0(점)입니다. 따라서 얻은 점수는 모두 0+7+16+0=23(점)입니다. ; 23 7 5 8 8 m 59 cm 9 예 (파란색 테이프의 길이)=4 m 50 cm−1 m 25 cm=3 m 25 cm (두 색 테이프의 길이의 합)=4 m 50 cm+3 m 25 cm=7 m 75 cm ; 7 m 75 cm 10 근영 11 3 m 75 cm 12 재만 13 7 14 (1) 80 (2) 2 (3) 14 (4) 18 15 풀이 참조 16 풀이 참조 17 표 18 ㉠ 4 ㉡ 8 ㉢ 36 ㉣ 48 ; 짝수 19 ㉠ ☐ ㉡ ☐ ㉢ ☐ 20 ④

풀이

1 ① 7000 ② 6000 ③ 7000 ④ 7000 ⑤ 7000

2 수 카드의 수는 100씩 커지는 규칙이므로 빈 카드의 수는 5690보다 100만큼 더 큰 수인 5790입니다.

3 540원에 460원을 더하면 1000원이 됩니다.

4 세 수의 천의 자리 수를 비교하면 3462가 가장 크고, 남은 2580과 2625의 백의 자리 수를 비교하면 2625가 더 큽니다.

6

과녁판(점)	0	1	2	3
맞힌 횟수(번)	4	7	8	9
얻은 점수(점)	0	7	16	0

7 48<☐<54이므로 48보다 크고 54보다 작은 수를 찾으면 됩니다. 그러므로 49, 50, 51, 52, 53으로 모두 5개입니다.

10 가인: 2 m 89 cm−2 m 75 cm=14 cm의 차이가 납니다.

근영: 2 m 98 cm−2 m 89 cm=9 cm의 차이가 납니다.

11 나무의 높이는 원숭이 키의 3배와 비슷하므로 125+125+125=375(cm)입니다. 그러므로 나무의 높이는 약 3 m 75 cm입니다.

12 8시 10분 전은 7시 50분입니다.

13 오전 7시 30분 ──4시간 30분──▶ 낮 12시 ──2시간 30분──▶ 오후 2시 30분

14 (1) 1시간은 60분이므로 1시간 20분
=1시간+20분=60분+20분=80분

(2) 1일은 24시간이므로 48시간
=24시간+24시간=2일입니다.

(3) 1주일은 7일이므로 2주일은 7일+7일=14일입니다.

(4) 1년은 12개월이므로 1년 6개월은 12개월+6개월=18개월입니다.

15

동	101	102	103	104	
학생 수 (명)	〢〢 〢	〢〢	〢 〢	〢 〢	합계
	6	5	2	3	16

16

6	/			
5	/	/		
4	/	/		
3	/	/		/
2	/	/	/	/
1	/	/	/	/
학생 수(명) / 동	101	102	103	104

17 표의 합계를 보면 진유네 반 전체 학생 수를 알 수 있습니다.

18 2×2=4, 4×2=8, 6×6=36, 8×6=48입니다. 완성된 곱셈표에는 모두 짝수들이 있습니다.

19 분홍색, 초록색, 노란색(또는 분홍색, 노란색, 초록색)이 반복되는 규칙입니다.

20 바로 위에 있는 수와 오른쪽에 있는 수를 더하여 칸마다 써넣은 규칙입니다.

[다른 풀이] 아래로 한 칸 내려가거나 왼쪽으로 한 칸 이동할 때마다 2배씩 커지는 규칙입니다.

1 ④   2 ②   3 경찰관   4 ④   5 우리 동네 소식지   6 ②   7 찰흙   8 ⑤   9 예 질서를 지키지 않으면 여러 사람이 불편해지고 기분도 나빠진다.   10 ⑤   11 ③   12 ①   13 ②   14 러시아   15 ②   16 ④   17 ③   18 ②, ④   19 예 도서관에서 읽고 싶었던 책을 읽는다. 박물관에 간다. 배우고 싶은 악기를 배운다.   20 ④

풀이

1 길을 건널 때 좌우를 잘 살피고, 신호를 지켜서 건넙니다.

2 동네 돌기 놀이는 동네의 모습을 표현한 놀이입니다.

3 경찰관을 조사한 내용입니다.

4 메뉴판, 접시, 플라스틱 칼 등은 요리사를 할 때 필요한 준비물입니다.

5 우리 동네를 소개하는 소식지를 만든 것입니다.

6 영호는 가을에 가족들과 단풍 구경을 간 일을 일기로 썼습니다.

다시 한 번 확인해요!

가을에 단풍이 드는 까닭 ➡ 93쪽

식물의 잎에 있는 엽록소는 초록색이기 때문에 광합성 활동이 활발한 봄과 여름에는 식물의 잎이 초록색으로 보입니다.

그러나 가을이 되어 햇빛과 물이 부족해지면 나무는 스스로 잎과의 연결을 끊어버리고 그로인해 엽록소가 파괴되어 잎이 원래 가지고 있던 색이 드러나는 것이 단풍입니다.

7 찰흙으로 만든 열매 바구니입니다.

8 우리 집 화장실은 역할놀이에 상황으로 바르지 않습니다.

9 모두가 행복하려면 사람이 많이 모이는 곳에서는 질서를 지켜야 합니다.

다시 한 번 확인해요!

사람이 많이 모이는 곳에서 지켜야 할 질서 ➡ 93쪽

• 차례차례 줄을 섭니다.

• 떠들거나 뛰어다니지 않습니다.

• 쓰레기를 함부로 버리지 않습니다.

12 인도는 '나마스테', 독일은 '구텐 모르겐', 프랑스는 '봉주르', 중국은 '니하오' 라고 인사합니다.

13 다음에서 설명하는 집은 몽골의 '게르' 입니다.

14 러시아의 장난감 마트료시카입니다.

다시 한 번 확인해요!

다른 나라의 장난감 ➡ 99쪽

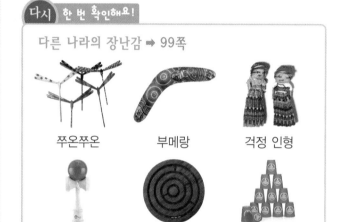

| 쭈온쭈온 | 부메랑 | 걱정 인형 |
| 겐다마 | 링 우드 | 컵 스택 |

15 마오리족의 하카 춤을 추고 있는 모습입니다.

16 겨울잠을 자고 있는 개구리의 모습입니다.

다시 한 번 확인해요!

동물의 겨울잠 ➡ 104쪽

• 곰: 가을에 먹이를 많이 먹은 후에 동굴에서 겨울잠을 잡니다.

• 뱀: 바깥보다 춥지 않은 바위 밑이나 얕은 땅속에서 겨울잠을 잡니다.

• 개구리: 겨울이 되면 땅속에서 잠을 자면서 따뜻해지길 기다립니다.

17 동물들이 모아 놓은 먹이를 가져가면 동물들이 겨울에 먹을 먹이가 부족해집니다.

18 겨울을 씨앗으로 지내는 식물은 옥수수와 해바라기입니다.

20 3학년이 되면 1, 2학년보다 배우는 과목 수가 많아집니다.

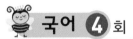 국어 **4**회 142~145쪽

1 ① 2 휘서 3 운동화가 작아져 발이 아파서 4 ⓒ 5 ① 6 (1)-ⓒ (2)-① 7 ①, ②, ⑤ 8 ⑩ 할머니는 나만 보면 / 할머니도 어린 시절로 돌아간대요. 9 ⑤ 10 ③ 11 ① 색종이 ⓒ 빠릅니다 12 2-3-1 13 ④ 14 ① 15 ① 16 (1) 제목 (2) 하고 싶은 말 (3) 까닭 17 (1) 발표를 또박또박 잘하는 점 (2) 글씨를 깨끗하게 잘 쓰는 점 18 (1) 대화 **나** (2) ⑩ 고마움을 표현하고 상대의 칭찬할 점을 찾아 칭찬해 주고 있기 때문에 19 ① 20 ①

풀이

1 새 떼를 쫓지 않고 어깨 위에 앉아 함께 논다고 한 것에서 착한 허수아비의 성격을 알 수 있습니다.

2 아윤이는 시와 어울리지 않은 생각이나 느낌을 말했습니다.

3 글쓴이는 어머니께 운동화가 작아서 발이 아프다고 했습니다.

4 글쓴이의 생각이나 느낌은 글쓴이가 한 말이나 생각이나 느낌을 표현한 말에 들어 있습니다.

5 걸레는 닦을수록 더러워집니다.

6 그림과 글에 나타난 인물의 마음을 짐작해 봅니다.

7 아빠와 '나'는 딱지치기와 레슬링을 하고 달고나를 해 먹으며 즐거운 시간을 보냈습니다.

8 누구와 어떤 일을 함께 했는지 떠올려 보고, 그때의 생각이나 느낌은 어떠했는지 생각해 봅니다.

9 새로 짝이 된 친구인 정하윤의 성별, 생김새, 좋아하는 것, 잘하는 것에 대해 소개하는 글입니다.

10 하윤이가 되고 싶어 하는 것이 무엇인지는 나와 있지 않습니다.

11 글자와 다르게 소리 나는 낱말을 정확하게 써야 합니다.

12 일이 일어난 차례를 나타내는 말을 찾고, 이야기의 흐름이 어울리게 정리해야 합니다.

13 '틀리다'는 계산이나 사실 등이 알맞지 않다는 말이고, '다르다'는 어떤 점이 서로 같지 않다는 말입니다.

14 '굵다[국따]', '얇다[얄따]', '맑다[막따]', '밟다[밥따]'로 발음해야 합니다.

15 이를 잘 닦지 않으면 이가 썩어서 아프고 건강을 해치니까 이를 잘 닦는 습관을 길러야겠다고 했습니다.

16 제목을 보고 무엇에 대한 내용인지 짐작하고, 글쓴이가 하고 싶은 말이 무엇인지, 그렇게 말한 까닭은 무엇인지 찾습니다.

다시 한 번 확인해요!

글을 읽고 주요 내용을 찾는 방법 ➡ 33쪽
• 글의 제목을 보고 내용을 짐작합니다.
• 글쓴이가 하고 싶은 말을 찾습니다.
• 글쓴이가 그렇게 말한 까닭을 찾습니다.

17 대화 **가**에서 여자아이는 남자아이가 발표를 또박또박 잘하는 점을 칭찬했고, 대화 **나**의 여자아이는 남자아이가 글씨를 예쁘게 쓰는 점을 칭찬했습니다.

18 칭찬하는 말을 들으면 겸손한 태도로 고마움을 표현하고, 상대의 칭찬할 점을 찾아 칭찬해 주는 것이 좋습니다.

19 나무 인형이었던 피노키오가 요정 덕분에 진짜 사람이 되어 말을 하고 움직일 수도 있어서 신나고 즐거울 것입니다.

20 누가 말을 했는지 찾아보기 위해서 주위를 두리번거리며 둘러보는 몸짓이 어울립니다.

다시 한 번 확인해요!

인물의 말과 행동을 표현하는 방법 ➡ 39쪽
• 말의 높낮이, 빠르기, 크기를 다르게 합니다.
• 말과 행동에 어울리는 목소리로 말합니다.
• 특징에 맞는 몸짓을 분명하게 표현합니다.

1 ④   **2** 9982   **3** 6   **4** (1) > (2) < (3) >
5 5, 25   **6** ㉤   **7** ⓓ 수현이 나이의 6배는
9×6=54이고, 54보다 5만큼 더 큰 수는 54+
5=59입니다. 따라서 수현이 할머니의 연세는
59세입니다. ; 59   **8** 12, 83   **9** 3, 18
10 ⓓ 125 cm는 1 m 25 cm입니다.
그러므로 2 m 60 cm−1 m 25 cm=(2 m−
1 m)+(60 cm−25 cm)=1 m 35 cm입니다.
; 1 m 35 cm   **11** 10   **12** 풀이 참조   **13** 풀
이 참조 ; 4   **14** 5   **15** 풀이 참조   **16** 14
17 15, 23   **18** ⓓ 초록색 점선을 따라 접었
을 때 만나는 수들은 서로 같습니다.   **19** 10,
20, 20, 10   **20** ⓓ 쌓기나무가 3개, 2개, 3
개, 2개가 반복되는 규칙이 있습니다.

풀이

1 숫자 7이 나타내는 값은 다음과 같습니다.
① 7 ② 70 ③ 700 ④ 7000 ⑤ 70

2 십의 자리 숫자가 8, 일의 자리 숫자가 2인 네
자리 수를 □□82라고 하면 백의 자리 숫자는 8
보다 크므로 9입니다. 따라서 □982에서 □
+9+8+2=28, □+19=28, □=9이므로 네
자리 수는 9982입니다.

3 8000보다 커야 하므로 천의 자리 숫자가 8인
네 자리 수를 만들면 8456, 8465, 8546,
8564, 8645, 8654입니다.

4 (1) 천의 자리 수, 백의 자리 수, 십의 자리 수가 같
으므로, 일의 자리 수를 비교합니다.(6>4)
(2) 천의 자리 수가 같으므로 백의 자리 수를 비교
합니다.(6<7)
(3) 천의 자리 수, 백의 자리 수가 같으므로 십의
자리 수를 비교합니다.(5>4)

5 참외가 5개씩 5접시이므로 5×5=25(개)입니다.

6 ㉠ 3×2=6 ㉡ 4×5=20 ㉢ 6×5=30

㉣ 6×9=54 ㉤ 7×8=56

8 3 m 34 cm+9 m 49 cm
=(3 m+9 m)+(34 cm+49 cm)
=12 m 83 cm

9 ㉠ 125 cm=1 m 25 cm
㉡ 136 cm=1 m 36 cm
그러므로 가장 짧은 길이는 1 m 15 cm이고, 가
장 긴 길이는 2 m 3 cm입니다.
1 m 15 cm+2 m 3 cm
=(1 m+2 m)+(15 cm+3 cm)
=3 m 18 cm

11 액자의 가로는 20 cm를 5번 더한 100 cm입니
다. 100 cm는 10 cm의 10배이므로 서현이가
액자의 가로를 재어 보면 약 10뼘입니다.
[다른 풀이] 어머니의 한 뼘은 서현이의 한 뼘의
2배이므로 어머니의 5뼘은 서현이의 10뼘과 같
습니다.

12

짧은바늘이 1과 2 사이를 가리키고, 긴바늘이 7
을 가리키도록 그립니다.

13

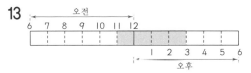

오전 11시 $\xrightarrow{4시간}$ 오후 3시

14 같은 요일은 7일마다 반복됩니다. 2일, 9일, 16
일, 23일, 30일이 수요일입니다.

15

이름	초록	보라	다홍	합계
횟수(번)	3	2	1	6

학생에 따라 ○표의 수를 세어 표에 적습니다.

16 3+5+4+2=14(명)입니다.

17 3부터 시작하여 4씩 커지는 규칙입니다.

19 위의 두 수를 더하여 아래에 써넣는 규칙입니다.

가을, 겨울 4 회
149~151쪽

1 학교 2 ㉠ 교사 ㉡ 환경미화원 3 ② 4 ① 5 예 의사, 의사 선생님이 계셔서 아픈 사람을 낫게 해 준다. 6 ① 7 가을걷이(추수) 8 ④ 9 ④ 10 선우 11 ④ 12 (1) 인도 (2) 이집트 13 예 서로 이해하고 존중해준다. 다른 나라의 문화를 무조건 따르거나 자기 나라 문화를 강요하지 않는다. 14 겐다마 15 ③ 16 ② 17 ③, ⑤ 18 참새, 까치, 꿩 19 ① 20 ㉡, ㉣

풀이

1 동네의 모습을 그릴 때 가장 먼저 학교를 중심으로 길을 그립니다.

2 ㉠은 교사, ㉡은 환경미화원입니다.

3 조리 기구가 필요한 직업은 요리사입니다.

5 동네에서 일하시는 분을 생각해 보고, 그분이 있어서 고마운 점을 떠올려 봅니다.

6 도서관에 있는 책을 찢거나 낙서하지 않습니다.

다시 한 번 확인해요!

도서관에서 지켜야 할 규칙 ➡ 92쪽

• 큰 소리로 말하지 않습니다.
• 책은 자리에 앉아서 읽습니다.
• 책을 찢거나 낙서하지 않습니다.
• 읽은 책은 수레나 제자리에 정리합니다.
• 책을 빌리거나 반납할 때 차례차례 줄을 섭니다.

7 농부들이 가을걷이를 하고 있는 모습입니다.

8 사과를 반으로 자른 것입니다.

9 눈사람의 하얀색은 겨울에 많이 볼 수 있습니다.

다시 한 번 확인해요!

가을의 색 ➡ 93쪽

10 박물관에서 뛰어다니거나 쓰레기를 버리는 것은 질서를 지키는 모습이 아닙니다.

11 중국의 전통 의상, 전통 음식, 문화재를 조사한 것입니다.

12 (1)은 인도의 타지마할이고, (2)는 이집트의 피라미드입니다.

다시 한 번 확인해요!

다른 나라의 자랑거리 ➡ 98쪽

만리장성(중국)   앙코르 와트(캄보디아)

13 다른 나라와 서로 다르다는 것을 인정해야 합니다.

14 겐다마에 대한 설명입니다.

15 다른 나라 친구를 만났을 때는 힐끗힐끗 쳐다보지 않습니다.

16 곰이 겨울을 나는 방법입니다.

17 겨울철 식물을 보호하는 방법은 실외에 있는 화분을 실내로 들여오고 화단에 방풍막을 설치합니다.

18 봄, 여름, 가을, 겨울에 모두 볼 수 있는 새를 텃새라고 합니다.

다시 한 번 확인해요!

여름과 겨울에 모두 볼 수 있는 새 ➡ 105쪽

• 꿩
• 참새
• 까치
• 원앙
• 딱새
• 흰뺨검둥오리

19 방학 생활 계획을 잘 실천하려면 실천 가능한 계획을 세우고 계획을 실천하려고 노력합니다.

20 3학년이 되면 배우는 과목이 늘어나고 새로운 교과서로 공부합니다.

교학사가 자신 있게 만들었습니다.

초등교재 시리즈

연산 + 문장 드릴수학

연산과 문장을 한 권으로 배우는 교재
▶ 1~6학년(총 24권)

강추수학 개념완성

개념이 쉬워지는 초등 수학 첫 기본 개념서
▶ 1~6학년

또바기와 모도리의 야무진 한글 (전 4권)

한글 공부와 받아쓰기 편으로 구성된 한글 실력 향상 교재
▶ 7~10세

또바기와 모도리의 야무진 수학 (전 10권)

초등 수학의 기초 개념을 난이도에 따라 단계별로 구성
▶ 유치~초1

표준 수학 특강

개념을 익히고 실력을 다지는 기본서
▶ 1~6학년(학기용)

전과목 단원평가 총정리

수시평가와 단원평가, 학업 성취도 평가 대비 문제집
▶ 1~6학년(학기용)

단원평가 시리즈

국어, 수학, 사회, 과학 단원평가와 시험 대비용 100점 예상문제로 구성
▶ 3~6학년(학기용)

기초 튼튼
익힘북

국어 | 수학

전과목

단원평가
총정리

전과목

단원평가
총정리

기초 튼튼
익힘북

국어 | 수학

2·2

전과목

단원평가
총정리

기초 튼튼
익힘북

▶ 다음 낱말을 바르게 써 보세요.

옷감  옷감  옷감

수박  수박  수박

들판 들판  들판

분수 분수 분수

● 따라 쓴 낱말과 그 뜻을 바르게 선으로 이어 보세요.

옷감 •	• (1)	들을 이룬 벌판.
들판 •	• (2)	옷을 짓는 데 쓰는 천.
분수 •	• (3)	남에게 어떤 물건 따위를 선사함.
선물 •	• (4)	압력으로 좁은 구멍을 통하여 물을 위로 내뿜거나 뿌리도록 만든 설비. 또는 그 물.

● 다음 낱말을 바르게 써 보세요.

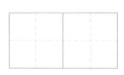  

 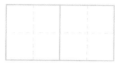

● 따라 쓴 낱말과 그 뜻을 바르게 선으로 이어 보세요.

| 여행 | | • (1) | 물건을 가지런히 겹쳐 쌓거나 포개는 모양. |

여행 •

마을 •

대롱대롱 •

차곡차곡 •

• (1) 물건을 가지런히 겹쳐 쌓거나 포개는 모양.

• (2) 작은 물건이 매달려 가볍게 잇따라 흔들리는 모양.

• (3) 여러 집이 모여 사는 곳.

• (4) 일이나 유람을 목적으로 다른 고장이나 외국에 가는 일.

▶ 다음 낱말을 바르게 써 보세요.

노래   노래   노래

조약돌   조약돌

현관   현관   현관

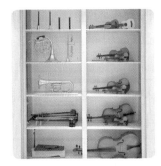

악기   악기   악기

◉ 따라 쓴 낱말과 그 뜻을 바르게 선으로 이어 보세요.

조약돌 •

현관 •

악기 •

전망대 •

• (1) 작고 동글동글한 돌.

• (2) 건물의 출입문이나 건물에 붙이어 따로 달아낸 문간.

• (3) 멀리 내다볼 수 있도록 높이 만든 대.

• (4) 음악을 연주하는 데 쓰는 기구를 통틀어 이르는 말.

● 다음 낱말을 바르게 써 보세요.

애벌레 애벌레

기지개 기지개

안개 안개 안개

정원 정원 정원

 봉지 봉지

따라 쓴 낱말과 그 뜻을 바르게 선으로 이어 보세요.

기지개 •

• (1) 지표면 가까이에 아주 작은 물방울이 부옇게 떠 있는 현상.

안개 •

• (2) 집 안에 있는 뜰이나 꽃밭.

정원 •

• (3) 막 쓰는 물건을 쌓아두는 곳.

헛간 •

• (4) 피곤할 때에 몸을 쭉 펴고 팔다리를 뻗는 일.

● 다음 낱말을 바르게 써 보세요.

◑ 따라 쓴 낱말과 그 뜻을 바르게 선으로 이어 보세요.

추석 •

• (1) 우리나라 고유의 글자. 세종대왕이 우리 말을 표기하기 위하여 창제한 훈민정음을 20세기 이후 달리 이르는 명칭.

보름달 •

• (2) 음력 보름날 밤에 뜨는 둥근달.

한글 •

• (3) 햅쌀로 송편을 빚고 햇과일 따위의 음식을 장만하여 차례를 지내는 우리나라의 명절.

아침 •

• (4) 날이 새면서 오전 반나절쯤까지의 동안.

◉ 다음 낱말을 바르게 써 보세요.

기 러 기   기 러 기

바 다   바 다   바 다

팥 죽   팥 죽   팥 죽

송 곳   송 곳   송 곳

| | 멍석 | 멍석 | 멍석 |
| | | | |

| | 지게 | 지게 | 지게 |
| | | | |

● 따라 쓴 낱말과 그 뜻을 바르게 선으로 이어 보세요.

기러기 •

송곳 •

멍석 •

지게 •

• (1) 작은 구멍을 뚫는 데 쓰는 도구.

• (2) 오릿과에 딸린 철새를 통틀어 이르는 말.

• (3) 짐을 얹어 사람이 등에 지는 우리나라 고유의 운반 기구.

• (4) 짚으로 네모지게 엮어 만든 큰 깔개.

1~3 □ 안에 알맞은 수를 써넣으세요.

1 100이 10개이면 □ 입니다.

2 1000이 5개이면 □ 입니다.

3 1000이 7개이면 □ 입니다.

4~6 수를 읽어 보세요.

4 2568 ( )

5 4305 ( )

6 6820 ( )

7~8 수를 써 보세요.

7 삼천오백구십일
( )

8 칠천삼백오
( )

9~12 □ 안에 알맞은 수를 써넣으세요.

9 3670 은
- 1000이 □ 개
- 100이 □ 개
- 10이 □ 개
- 1이 □ 개

10 9672 는
- 1000이 □ 개
- 100이 □ 개
- 10이 □ 개
- 1이 □ 개

11
- 1000이 9개
- 100이 6개
- 10이 0개
- 1이 3개
이면 □

12
- 1000이 5개
- 100이 2개
- 10이 1개
- 1이 4개
이면 □

(13~15) 네 자리 수의 각 자리 숫자
를 써넣으세요.

13
3570 ➡

천의 자리	백의 자리	십의 자리	일의 자리

14
2587 ➡

천의 자리	백의 자리	십의 자리	일의 자리

15
5738 ➡

천의 자리	백의 자리	십의 자리	일의 자리

(16~18) 밑줄 친 5는 얼마를 나타내
는지 써 보세요.

16
2568 ➡ (   )

17
5632 ➡ (   )

18
3458 ➡ (   )

(19~21) 뛰어 세어 보세요.

19
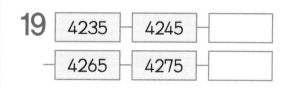

4235	4245	
4265	4275	

20
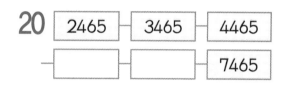

2465	3465	4465
		7465

21
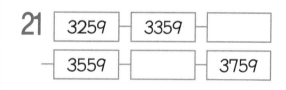

3259	3359	
3559		3759

(22~24) 두 수의 크기를 비교하여
○ 안에 > 또는 <를 알맞
게 써넣으세요.

22
2536 ◯ 3545

23
6325 ◯ 6948

24
9814 ◯ 9835

(1~8) □ 안에 알맞은 수를 써넣으세요.

1 2×8=□

2 3×6=□

3 4×7=□

4 5×6=□

5 6×7=□

6 7×9=□

7 8×6=□

8 9×7=□

(9~16) □ 안에 알맞은 수를 써넣으세요.

9 2×□=18

10 6×□=24

11 7×□=63

12 9×□=45

13 □×3=24

14 □×6=48

15 □×8=64

16 □×6=54

17

×	2	3	4	5
2	4	6		
3		9		
4			16	
5		15		25

18

×	4	5	6	7
4	16	20	24	28
5			30	
6		30		
7	28			

19

×	5	6	7	8
5	25			
6				
7			49	
8				

20

×	6	7	8	9
6	36			
7				
8				
9				

21

×	0	1	3	4
0	0			
1		1		
2			6	
3				12

22

×	3	4	5	6
3	9			18
4			20	
5		20		30
6	18			36

23

×	1	3	5	7
1	1			
3		9		
5			25	
7	7			49

24

×	2	4	6	8
2	4			16
4			24	
6		24		
8	16			64

1~6 길이의 합을 구해 보세요.

1
```
    1  m   23  cm
+   4  m   56  cm
```
[ ] m [ ] cm

2
```
    3  m   67  cm
+   2  m   23  cm
```
[ ] m [ ] cm

3
```
    6  m   27  cm
+   7  m   35  cm
```
[ ] m [ ] cm

4
```
    9  m   32  cm
+   6  m   26  cm
```
[ ] m [ ] cm

5
```
    5  m   17  cm
+   4  m   56  cm
```
[ ] m [ ] cm

6
```
    5  m   46  cm
+   2  m   25  cm
```
[ ] m [ ] cm

7~12 □ 안에 알맞은 수를 써넣으세요.

7 2 m 12 cm+5 m 53 cm
= [ ] m [ ] cm

8 3 m 67 cm+6 m 22 cm
= [ ] m [ ] cm

9 4 m 45 cm+7 m 6 cm
= [ ] m [ ] cm

10 6 m 45 cm+8 m 12 cm
= [ ] m [ ] cm

11 5 m 54 cm+9 m 36 cm
= [ ] m [ ] cm

12 4 m 43 cm+12 m 53 cm
= [ ] m [ ] cm

길이의 차를 구해 보세요.

13

	4	m	86	cm
−	3	m	35	cm

☐ m ☐ cm

14

	9	m	76	cm
−	7	m	34	cm

☐ m ☐ cm

15

	6	m	65	cm
−	5	m	23	cm

☐ m ☐ cm

16

	7	m	95	cm
−	2	m	62	cm

☐ m ☐ cm

17

	8	m	86	cm
−	1	m	35	cm

☐ m ☐ cm

18

	6	m	52	cm
−	3	m	31	cm

☐ m ☐ cm

☐ 안에 알맞은 수를 써넣으세요.

19 5 m 65 cm − 4 m 23 cm

= ☐ m ☐ cm

20 4 m 89 cm − 1 m 42 cm

= ☐ m ☐ cm

21 8 m 56 cm − 2 m 24 cm

= ☐ m ☐ cm

22 7 m 63 cm − 6 m 41 cm

= ☐ m ☐ cm

23 4 m 56 cm − 2 m 23 cm

= ☐ m ☐ cm

24 3 m 78 cm − 1 m 23 cm

= ☐ m ☐ cm

1~5 시각을 써 보세요.

1

☐ 시 ☐ 분

2

☐ 시 ☐ 분

3

☐ 시 ☐ 분

4

☐ 시 ☐ 분 전

5

☐ 시 ☐ 분 전

6~13 ☐ 안에 알맞은 수를 써넣으세요.

6 1시간 30분=☐ 분

7 3시간 20분=☐ 분

8 1 30분=☐ 시간 ☐ 분

9 85분=☐ 시간 ☐ 분

10 1일 3시간=☐ 시간

11 3일=☐ 시간

12 48시간=☐ 일

13 40시간=☐ 일 ☐ 시간

14~17 두 시계를 보고 시간이 얼마나 흘렀는지 시간 띠에 나타내어 구해 보세요.

14

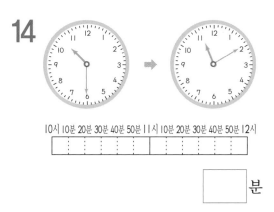

10시 10분 20분 30분 40분 50분 11시 10분 20분 30분 40분 50분 12시

분

15

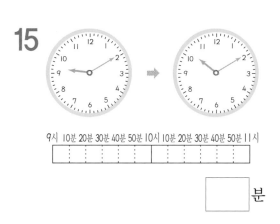

9시 10분 20분 30분 40분 50분 10시 10분 20분 30분 40분 50분 11시

분

16

오전 　　　　　　오후

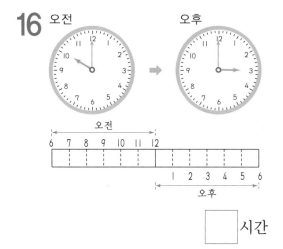

오전
6 7 8 9 10 11 12

1 2 3 4 5 6
오후

시간

17

오전 　　　　　　오후

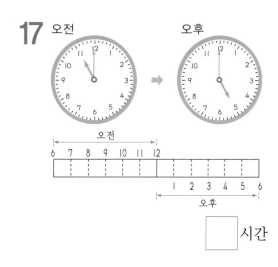

오전
6 7 8 9 10 11 12

1 2 3 4 5 6
오후

시간

18~21 □ 안에 알맞은 수를 써넣으세요.

18 2주일은 □ 일입니다.

19 21일은 □ 주일입니다.

20 2년은 □ 개월입니다.

21 26개월은 □ 년 □ 개월입니다.

1~2 자료를 보고 표로 나타내어 보세요.

1

〈학생들이 기르고 싶은 동물〉

이름	동물	이름	동물	이름	동물
서현	개	현정	고슴도치	정민	고양이
민기	고양이	미화	고양이	찬의	개
충혁	고슴도치	민지	개	재현	고양이
기찬	개	예진	개	채은	개

〈학생들이 기르고 싶은 동물〉

동물	개	고양이	고슴도치	합계
학생 수 (명)				

2

〈학생들이 가 보고 싶은 산〉

이름	산	이름	산	이름	산
영웅	백두산	지민	한라산	민주	백두산
중하	한라산	지현	백두산	다윤	지리산
상명	지리산	윤혁	지리산	서원	한라산
이경	한라산	창민	백두산	차현	백두산

〈학생들이 가 보고 싶은 산〉

산	백두산	한라산	지리산	합계
학생 수 (명)				

3~4 표를 보고 ○를 이용하여 그래프로 나타내어 보세요.

3

〈좋아하는 계절별 학생 수〉

계절	봄	여름	가을	겨울	합계
학생 수(명)	3	5	4	2	14

〈좋아하는 계절별 학생 수〉

5				
4				
3	○			
2	○			
1	○			
학생 수(명) / 계절	봄	여름	가을	겨울

4

〈좋아하는 운동별 학생 수〉

운동	줄넘기	피구	발야구	달리기	합계
학생 수(명)	3	5	5	4	17

〈좋아하는 운동별 학생 수〉

5				
4				
3	○			
2	○			
1	○			
학생 수(명) / 운동	줄넘기	피구	발야구	달리기

1~4 규칙을 찾아 □ 안에 모양을 그려 넣고 색칠해 보세요.

5~8 다음에 이어질 모양에 쌓을 쌓기나무의 수를 쓰세요.

1 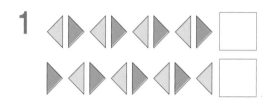 □ □

5  □ 개

2 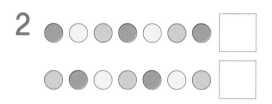 □ □

6 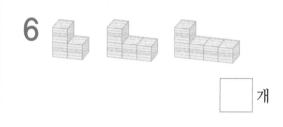 □ 개

3

7 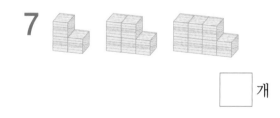 □ 개

4 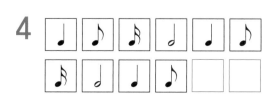

8  □ 개

국어

- **3쪽** 옷감 (2), 들판 (1), 분수 (4), 선물 (3)
- **5쪽** 여행 (4), 마을 (3), 대롱대롱 (2), 차곡차곡 (1)
- **7쪽** 조약돌 (1), 현관 (2), 악기 (4), 전망대 (3)
- **9쪽** 기지개 (4), 안개 (1), 정원 (2), 헛간 (3)
- **11쪽** 추석 (3), 보름달 (2), 한글 (1), 아침 (4)
- **13쪽** 기러기 (2), 송곳 (1), 멍석 (4), 지게 (3)

 수학

• 14~15쪽

1 1000   2 5000   3 7000
4 이천오백육십팔   5 사천삼백오
6 육천팔백이십   7 3591   8 7305
9 3, 6, 7, 0   10 9, 6, 7, 2   11 9603
12 5214   13 3, 5, 7, 0   14 2, 5, 8, 7
15 5, 7, 3, 8   16 500   17 5000
18 50   19 4255, 4285   20 5465, 6465
21 3459, 3659   22 <   23 <   24 <

• 16~17쪽

1 16   2 18   3 28   4 30   5 42   6 63
7 48   8 63   9 9   10 4   11 9   12 5
13 8   14 8   15 8   16 9
17 8, 10 ; 6, 12, 15 ; 8, 12, 20 ; 10, 20
18 20, 25, 35 ; 24, 36, 42 ; 35, 42, 49
19 30, 35, 40 ; 30, 36, 42, 48 ;
   35, 42, 56 ; 40, 48, 56, 64
20 42, 48, 54 ; 42, 49, 56, 63 ;
   48, 56, 64, 72 ; 54, 63, 72, 81
21 0, 0, 0 ; 0, 3, 4 ; 0, 2, 8 ; 0, 3, 9
22 12, 15 ; 12, 16, 24 ; 15, 25 ; 24, 30
23 3, 5, 7 ; 3, 15, 21 ; 5, 15, 35 ; 21, 35
24 8, 12 ; 8, 16, 32 ; 12, 36, 48 ; 32, 48

• 18~19쪽

1 5, 79   2 5, 90   3 13, 62   4 15, 58
5 9, 73   6 7, 71   7 7, 65   8 9, 89
9 11, 51   10 14, 57   11 14, 90
12 16, 96   13 1, 51   14 2, 42   15 1, 42
16 5, 33   17 7, 51   18 3, 21   19 1, 42
20 3, 47   21 6, 32   22 1, 22   23 2, 33
24 2, 55

• 20~21쪽

1 4, 10   2 9, 20   3 3, 50   4 5, 15
5 4, 10   6 90   7 200   8 2, 10   9 1, 25
10 27   11 72   12 2   13 1, 16
14 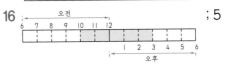 ; 40
15 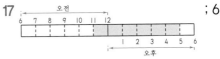 ; 60
16 ; 5
17 ; 6
18 14   19 3   20 24   21 2, 2

• 22쪽

1 6, 4, 2, 12   2 5, 4, 3, 12

3
학생 수(명) 계절	봄	여름	가을	겨울
5		○		
4		○	○	
3	○	○	○	○
2	○	○	○	○
1	○	○	○	○

4
학생 수(명) 운동	줄넘기	피구	발야구	달리기
5		○		○
4		○	○	○
3	○	○	○	○
2	○	○	○	○
1	○	○	○	○

• 23쪽

1 ◁, ▷   2 ○, ●   3 ♥, ♣   4 ♪, ♩
5 9   6 6   7 9   8 12